KB062468

곰믹스를 활용한

유튜브 크리에이터

곰믹스를 활용한 유튜브 크리에이터

초판 1쇄 발행_2020년 4월 20일

지은이 도용화, 금미정

발행인 임종훈

진행 · 표지 · 편집디자인 인투

출력 · 인쇄 동양인쇄주식회사

주소 서울시 마포구 방울내로 11길 37 프리마빌딩 3층

주문/문의전화 02-6378-0010 팩스 02-6378-0011

홈페이지 http://www.wellbook.net

발행처 도서출판 웰북

ⓒ 도서출판 웰북 2020

ISBN 979-11-86296-61-5 13000

이 책은 저작권법에 따라 보호받는 저작물이므로 무단전재와 무단 복제를 금지하며,
이 책 내용의 전부 또는 일부를 이용하려면 반드시 저작권자와 도서출판 웰북의 서면동의를 받아야 합니다.

※ 잘못된 책은 바꾸어 드립니다.

곰믹스를 활용한 영상편집 프로젝트! 초보 유튜버를 위한 최고의 가이드

우리는 통신망과 스마트 기기의 발달로 많은 변화와 빠른 정보에 노출되어 있습니다. 특히 글보다는 영상으로 소통하고 정보를 얻는 것에 익숙해졌습니다. 보기만 하던 수동적인 영상이 아닌 유튜브를 통해 내가 직접 만든 영상을 공유하고 수익도 얻을 수 있게 되었습니다. 청소년의 희망 직업 순위 5위 안에 유튜버가 등장할 만큼 유튜브의 시작은 선택이 아닌 필수의 시대가 되고 있습니다. 이 책은 초보 유튜버들이 가장 손쉽게 사용할 수 있는 곰믹스를 통해 쉽고 간단하게 영상편집을 할 수 있도록 안내합니다. 또한 초보 유튜버들이 알아야 하는 요소와 유튜브 기능도 안내합니다. 누구나 유튜버가 될 수 있습니다.

1. 유튜브에 대한 정보를 알고 유튜버가 되기 위한 준비를 할 수 있습니다.

유튜브의 환경을 이해하고 나만의 독창적이고 창의적인 콘텐츠를 정할 수 있도록 도와줍니다. 계획 없이 무작정 시작하는 유튜버가 아닌 영상 촬영과 편집을 위한 준비를 하도록 안내합니다.

2. 곰믹스 영상편집 프로그램을 활용하여 퀄리티 높은 영상을 표현할 수 있습니다.

영상과 이미지를 붙이고 자르는 편집, 여러 가지 효과적용과 필터 기능, 음원, 폰트, 이미지 등의 기본 제공 소스를 활용하여 전달하고자 하는 영상의 내용을 극대화하고 보다 높은 퀄리티의 영상을 편집하도록 도와줍니다.

3. 누구나 유튜브 영상 업로드와 영상관리를 할 수 있습니다.

쉽게 유튜브 채널을 만들고 영상 업로드를 할 수 있도록 도와줍니다. 채널 아트와 채널 아이콘, 나만의 로고 등을 만들고 썸네일, 최종 화면 등을 활용하여 유튜브 영상관리를 하도록 안내합니다.

곰믹스는 많은 영상 편집가들이 초보 유튜버들에게 가장 많이 추천하는 영상편집 프로그램입니다. 유튜버가 되기 위해 시작하는 모든 이들에게 쉽고 편리한 기능을 제공합니다. 다양한 기능들을 익혀 나만의 창의적인 발상을 영상으로 표현하여 꾸준히 유튜브에 업로드한다면 누구나 인기 많은 유명한 유튜버가 될 수 있습니다.

꼭 기억하세요!

상담을 원하시거나 아이가 컴퓨터 수업에 출석할 수 없는 경우 아래 연락처로
미리 연락 주시기 바랍니다.

타수체크

초급단계

월 일	월 일	월 일	월 일	월 일	월 일
월 일	월 일	월 일	월 일	월 일	월 일
월 일	월 일	월 일	월 일	월 일	월 일
월 일	월 일	월 일	월 일	월 일	월 일
월 일	월 일	월 일	월 일	월 일	월 일

중급단계

월 일	월 일	월 일	월 일	월 일	월 일
월 일	월 일	월 일	월 일	월 일	월 일
월 일	월 일	월 일	월 일	월 일	월 일
월 일	월 일	월 일	월 일	월 일	월 일
월 일	월 일	월 일	월 일	월 일	월 일

고급단계

월 일	월 일	월 일	월 일	월 일	월 일
월 일	월 일	월 일	월 일	월 일	월 일
월 일	월 일	월 일	월 일	월 일	월 일
월 일	월 일	월 일	월 일	월 일	월 일
월 일	월 일	월 일	월 일	월 일	월 일

이 책의 차례

Contents

01강 유튜브 알아보기

학습
목표

- 유튜브란 무엇인지 알아봅니다.
- 유튜브 크리에이터에 대해 알아봅니다.
- 인기있는 유튜브 채널에 대해 알아봅니다.

▲ 유튜브 첫 번째 동영상 Me at the ZOO   출처 : https://www.youtube.com/watch?v=jNQXAC9IVRw

 생각해 보아요

유튜브의 첫 번째 동영상은 2005년 4월 미국 샌디에이고 동물원에서 코끼리를 배경으로 찍은 자웨드의 18초짜리 영상이었습니다. "여기는 동물원이고 제 뒤에 있는 친구들은 코끼리지요. 이 코끼리의 정말, 정말, 정말 멋진 점은 바로 코가 길다는 겁니다. 뭐 딱히 이 말밖에는 할 게 없군요." 라는 내용이었습니다. 하지만 누구나 말할 수 있는 아주 평범하고 간단한 영상 하나가 여러 사람들에게 많은 매력을 느끼게 해 주었습니다. 누구나 동영상을 만드는 것이 어렵지 않다는 것을 보여 주었기 때문입니다. 여러분들도 콘텐츠를 정하고 동영상을 만들어 유튜브 크리에이터가 되어보세요.

유튜브는 미국의 구글이 운영하는 세계적인 동영상 공유 서비스입니다. 당신(You)과 텔레비전(Tube)이라는 단어의 합성어로 누구나 동영상을 업로드하고 시청하며 공유하는 소셜 미디어입니다.

유튜브는 2005년 2월 온라인 결제 서비스 업체 페이팔(PayPal)의 직원이었던 채드 헐리(Chad Hurley), 스티브 첸(Steve Chen), 조드 카림(Jawed Karim)이 친구들에게 파티 비디오를 쉽게 공유하기 위해 생각해낸 기술로부터 시작되었습니다.

2006년 10월 구글이 유튜브사를 인수하게 되었고, 한국어 서비스는 2008년 1월에 시작되었습니다.

유튜브가 시작되자 급격히 많은 사람들이 사용하게 되었고, 앞으로도 많은 정보와 소통이 이루어지는 상상 그 이상의 공간으로 더욱더 커져 나갈 것입니다.

02 유튜브 크리에이터란

유튜브 채널에 동영상을 만들어 올리는 사람을 말합니다. 새로운 것을 창작해 내는 사람을 크리에이터라고 하는데 유튜브 크리에이터(YouTube Creator)는 유튜브에 자신만의 아이디어로 영상을 창작하는 일을 하기 때문에 유튜버라고도 하고 유튜브 크리에이터라고도 부릅니다.

03 유튜브 살펴보기

유튜브 사이트를 둘러보며 나는 어떤 유튜버가 될 수 있을지 고민해봅니다. 인터넷에 유튜브를 검색해 보거나 주소창에 youtube.com을 입력합니다. 유튜브 검색창에서 검색해 보고 싶은 유튜버를 입력해서 동영상을 시청해 봅니다.

1) 자이언트 펭TV

127만 명의 구독자를 보유하고 있는 채널입니다. 성공한 한국의 크리에이터를 꿈꾸며 남극에서 왔다는 콘셉트로 유튜브뿐만 아니라 EBS에서도 최고의 인기를 누리고 있습니다.

출처 : https://www.youtube.com/channel/UCtckgmUcpzqGnzcs7xEqMzQ

2) 양띵 유튜브

170만 명 이상의 구독자를 보유하고 있습니다. '마인크래프트'를 콘텐츠로 미니게임, 모드 리뷰, 탈출맵, 시청자 참여, 창작 콘텐츠 등 다양한 마인크래프트 영상과 온라인 영상을 업로드하는 채널로 10대들에게 특히나 인기가 많습니다.

출처 : https://www.youtube.com/user/d7297ut

3) 대도서관TV

180만 명의 구독자를 보유한 유튜버로 매일 새로운 영상들이 업로드되며 생방송과 여러 가지 게임, 다양한 콘텐츠로 1인 미디어의 최고 인기를 누리고 있습니다.

출처 : https://www.youtube.com/user/BuzzBean11

4) 도티TV

구독자 252만 명을 보유하고 있는 채널로 어린이들에게 인기가 많은 게임, 학습 등 다양한 콘텐츠를 제작하여 업로드하고 있습니다.

출처 : https://www.youtube.com/user/tvddotty

5) 밴쯔

구독자 266만 명을 보유하고 있는 유튜버로 먹방 콘텐츠로 인기를 누리고 있습니다

출처 : https://www.youtube.com/user/eodyd188

6) 헤이지니 Hey Jini

어린이들이 좋아하는 인형, 장난감, 상황극 등 다양한 콘텐츠를 업로드하여 어린이들에게 최고의 인기를 누리고 있는 구독자 216만 명을 보유한 유튜브 채널입니다.

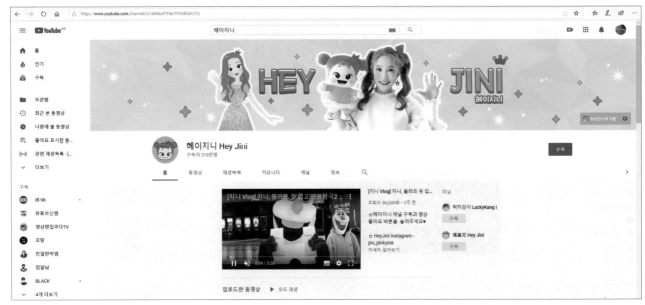

출처 :https://www.youtube.com/channel/UCdet8uJfTFlACtY05BQmJ1Q

7) 허팝Heopop

사람들의 호기심을 풀어주는 실험들과 다양한 콘텐츠를 업로드하며 구독자 349만 명을 보유하고 있는 유명 인기 유튜버입니다. 2016년 6월 13일 허팝 연구소를 오픈하여 운영하고 있으며 자신의 성 '허'에 힙합의 '합'을 붙여 허팝이라는 이름으로 활동하고 있습니다.

출처 : https://www.youtube.com/user/heopopfamily

8) 크림히어로즈

구독자 326만 명을 보유한 인기 유튜브 채널로 고양이 그리고 소소한 이야기들로 업로드하고 있습니다.

출처 : https://www.youtube.com/channel/UCmLiSrat4HW2k07ahKEJo4w

9) PewDiePie

구독자 1억 명을 보류한 세계 1위의 유튜브 채널입니다. 퓨디파이는 비디오 게임 콘텐츠에 초점을 맞추며, 비디오 게임 동안 셸버그의 반응, 장난, 엉뚱한 유머 등으로 구독자를 끌어 모았습니다.

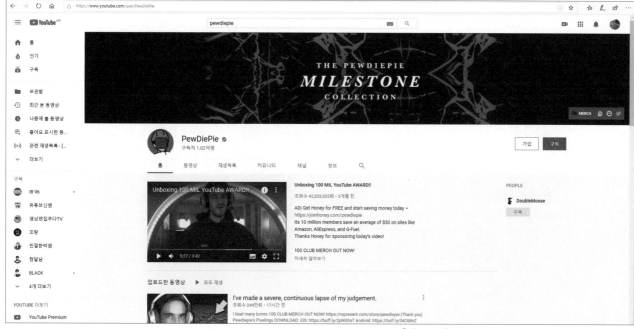

출처 : https://www.youtube.com/results?search_query=pewdiepie

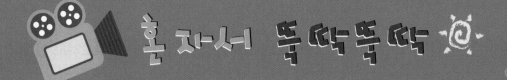

01 내가 좋아하는 유튜버를 소개해보세요.

채널 이름	
채널 주소	
콘텐츠 내용	
좋아하는 이유	

02 다른 유튜브 채널을 찾아보고 재미있었던 채널의 내용과 느낀 점을 써보세요.

채널 이름	
채널 주소	
콘텐츠 내용	
느낀 점	

02강 나의 콘텐츠 정하기

학습
목표
- 나만의 콘텐츠 소재를 생각해 봅니다.
- 유튜브에서 콘텐츠를 찾는 방법을 알아봅니다.
- 촬영 전 대본을 작성하는 방법을 알아봅니다.

생각해 보아요

유튜브 크리에이터에게 콘텐츠를 찾는 것이 가장 힘들고 중요한 일입니다. 한 번의 동영상이 아닌 지속적인 동영상 업로드를 해야 하기 때문입니다. 꾸준하고 흥미로운 내용으로 재미있게 활동할 수 있도록 콘텐츠를 선택해야 합니다. 또한 구독자의 흥미를 끌 수 있도록 항상 새로운 아이디어도 필요합니다. 내가 즐겨 보는 채널을 분석하고 나의 관심사와 다른 사람의 관심사도 알아보며 유튜브의 콘텐츠 소재를 찾아봅니다.

01 콘텐츠 소재 정하기

1) 일상에서 콘텐츠 찾기

01 나는 평상시 어떤 것들이 하고 싶은지 생각해보고 적어 봅니다.

02 요즘 관심이 있는 것은 어떤 것들이 있는지 생각해보고 적어 봅니다.

03 내가 잘하는 것은 무엇이 있는지 생각해보고 적어 봅니다.

04 평상시 하고 싶은 것, 요즘 관심이 있는 것, 내가 잘하는 것을 모두 적은 후 공통된 것이 있는지 정리해 봅니다.

예	게임 공놀이	슬라임	요리
	독서 맛집탐방	여행	등산
	친구들과 놀기	애완견과 놀기	. . .

2) 유튜브에서 콘텐츠 찾기

01 유튜브 웹브라우저를 열고 [인기]를 클릭합니다. 요즘 인기 있는 동영상들을 둘러보고 자신의 관심
사와 맞는다면 참고합니다.

02 왼쪽 메뉴에 [채널 탐색]을 클릭합니다. 우리나라뿐만 아니라 세계적으로 유명한 채널이 안내되어
있습니다.

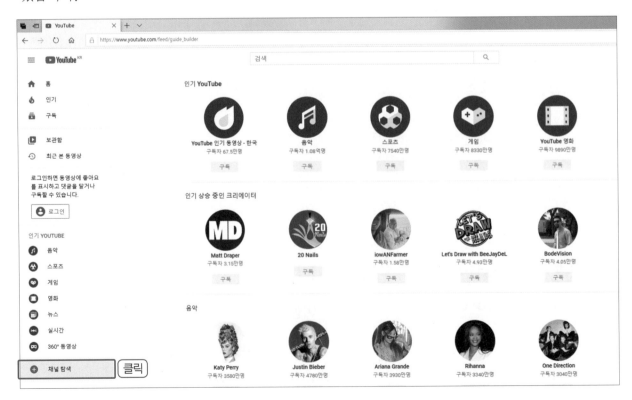

03 채널 안내는 음악, 코미디, 영화/엔터테인먼트, 게임, 뷰티/패션, 스포츠, 기술, 요리/건강, 뉴스/정치의 카테고리별로 안내되어 있습니다. 이 카테고리 분류를 참고하여 자신에게 맞는 콘텐츠 영역을 선택할 수 있습니다.

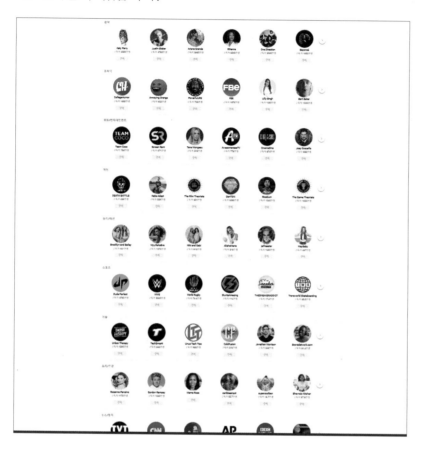

3) 콘텐츠 정하기

어떤 콘텐츠를 만들고 싶나요?	
콘텐츠를 선택한 이유는 무엇인가요?	
어떤 부분이 다른 사람에게 공감을 줄 수 있나요?	
어떤 유튜브 크리에이터가 되고 싶나요?	

01 동영상을 촬영하기 전에 미리 대본을 써두면 촬영과 편집에 도움이 됩니다. 촬영에 필요한 준비물과 배경, 인물 등을 미리 구성해보고 좀 더 알찬 영상을 제작할 수 있습니다.

제목		유튜버 크리에이터가 되기 위한 안내			
날짜		202*년 *월 *일	장소		작업실
출연자		도박사, 금티			
준비물		컴퓨터, 휴대폰, 조명			
	장면 번호	대사			기타
시작	1	어린이 여러분 안녕하세요. 유튜브 크리에이터가 되기 위한 안내자 금티입니다. 자 이제부터 유튜버가 되기 위한 모든 것 중에 동영상 편집 기술을 알려드리도록 하겠습니다.			휴대폰 촬영
본문	2	유튜브 동영상 편집은 어렵지 않습니다. 영상 편집 프로그램을 사용하여 필요한 부분을 자르거나 붙일 수 있고 이렇게 효과음도 삽입하면 멋진 영상이 됩니다 다음엔 편집한 동영상을 유튜브에 올리는 방법을 알아보겠습니다.			캠활용컴퓨터 영상으로
끝	3	여기까지 시청해 주셔서 감사합니다. 유튜브 크리에이터가 되기 위한 안내자 금티의 다음 편도 기대해 주시고 '좋아요'와 '구독'을 꼭 클릭해주세요.			

01 콘텐츠에 맞는 동영상을 만들기 전에 떠올린 생각을 정리하여 간단하게 대본을 작성해 보세요.

제목				
날짜		장소	작업실	
출연자				
준비물				
	장면 번호	대사		기타
시작	1			
본문	2			
끝	3			

23

03강 유튜브 크리에이터가 되기 위한 준비 및 프로그램 설치

학습
목표
- 동영상 촬영에 필요한 장비를 알아봅니다.
- 곰믹스를 설치하는 방법을 알아봅니다.
- 곰믹스의 화면 구성에 대해 알아봅니다.

 생각해 보아요

유튜브에 대해 간단히 알아보았습니다. 나만의 콘텐츠를 정했다면 이제 동영상을 제작하고 필요한 영상을 편집해야 합니다. 대단한 장비는 지금 필요 없습니다. 이 과정에서는 스마트폰과 컴퓨터만으로 촬영하고 편집해 봅니다.

01 동영상 촬영을 위한 준비

01 아래와 같은 장비로 간단한 스튜디오를 만들어 봅니다.

❶ 스마트폰 : 항상 휴대하고 다니는 스마트폰을 사용하여 언제 어디서든 동영상과 사진을 손쉽게 찍어 저장할 수 있습니다. 효과적용 음성변환 앱을 사용하여 여러 가지 재미있는 음성 변조가 가능합니다. 녹음 기능을 따로 사용하거나 동영상 촬영 시 동시에 녹음을 사용할 수 있습니다.

❷ 삼각대 : 스마트폰을 고정하여 동영상 촬영 시 사용합니다.

❸ 셀카봉 : 혼자 촬영하기 위해 필요한 도구로 1인 미디어를 하거나 셀카를 찍는 친구들에게 필수 아이템입니다.

❹ 마이크 : 스마트폰의 마이크를 사용하겠지만 고퀄리티의 음향을 원한다면 구매하셔도 좋습니다.

❺ 조명 : 실내 촬영 시 스탠드를 사용하거나 스마트폰 앱, 손전등을 사용해도 좋습니다.

❻ 촬영 박스 : 커다란 박스를 사용하여 아래 사진과 같이 만들어 사용해도 좋습니다.

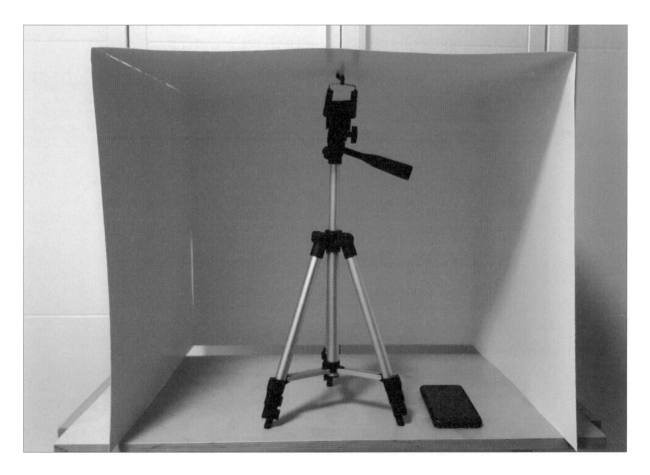

02 동영상 편집을 위한 PC 사양은 아래와 같습니다.

- 운영체제 : 윈도 7이상

- 인터넷 : 1Mbps 이상의 인터넷 연결 속도

- PC 메모리 : 기본 4GB, 권장 8~16GB

- PC 하드디스크 : 8GB 이상의 공간

02 무료 동영상 편집 프로그램 곰믹스 설치하기

01 컴퓨터에서 크롬을 실행하고 검색란에 '곰믹스 다운로드'를 입력합니다.

02 크롬이 없다면 인터넷을 실행하고 네이버 사이트 검색창에 '크롬 다운로드'를 입력한 후, 크롬을 설치합니다. 크롬에서 곰믹스를 설치할 것을 권합니다.

03 네이버의 소프트웨어 사이트의 곰믹스 '무료다운로드'를 클릭합니다.

내 컴퓨터 비트 확인하기

곰믹스 프로그램 설치 시 사용범위와 지원하는 OS를 확인합니다. '32비트(권장)'와 64비트' 중 컴퓨터에 맞는 비트를 클릭합니다.

[설정]-[시스템]-[정보] 클릭, 비트 확인

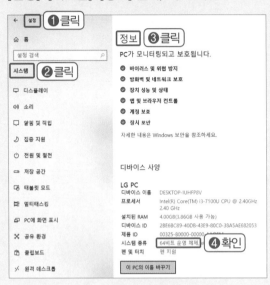

04 '일반속도로 다운로드 합니다. 로그인하면 초고속 다운로드가 가능하고 내가 받은 파일들을 관리 하실 수 있습니다.' [다운로드]를 클릭합니다.

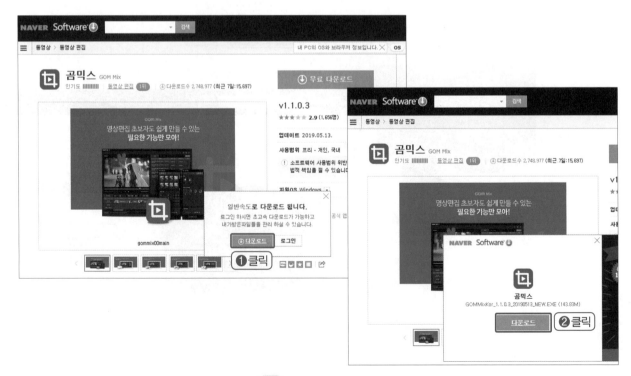

05 다운로드 받기가 끝나면 [폴더 열기]를 클릭합니다.

06 다운로드된 곰믹스 파일을 클릭합니다.

07 설치된 곰믹스 프로그램을 실행합니다.

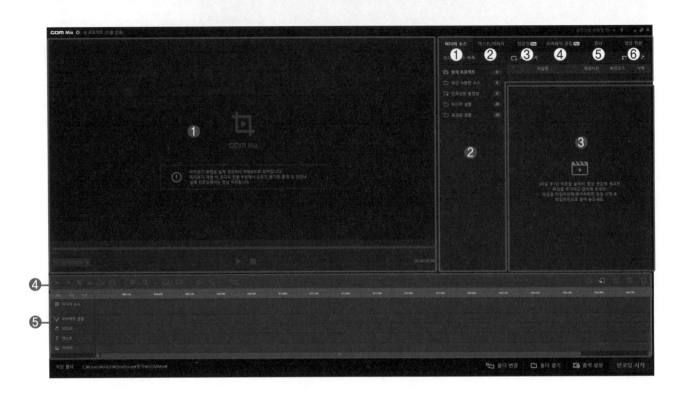

❶ 미리 보기 창 : 편집하는 동영상을 실시간으로 확인할 수 있는 창입니다.

❷ 화면 편집 툴 메뉴 창

　① 미디어 소스 : 현재 프로젝트, 최근 사용한 소스, 인코딩한 동영상, 미디어 샘플, 효과음 샘플의 소스를 가져오
　　거나 파일 추가를 할 수 있는 창입니다.

　② 텍스트/이미지 : 텍스트나 이미지(PiP, 사진 속 사진)를 추가할 수 있는 창입니다.

　③ 템플릿 : 화면을 꾸며주는 기본 디자인을 추가할 수 있는 창입니다.

　④ 오버레이 클립 : 화면을 돋보이게 하는 여러 가지 소스들을 추가하여 사용할 수 있는 창입니다.

　⑤ 필터 : 화면에 다양한 필터 기능을 추가할 수 있는 창입니다.

　⑥ 영상 전환 : 영상이 등장하거나 사라질 때 화려한 효과를 주는 소스를 추가하여 사용할 수 있습니다.

❸ 라이브러리 창 : 추가한 파일을 보여 주거나 편집 툴 메뉴의 소스를 보여 주는 창입니다.

❹ 선택 편집 툴 메뉴 창 : 실행 취소, 다시 실행, 삭제, 자르기, 영역 선택하기, 선택영역 제거/선택 영역만 유지/분할,
　비디오 조정(반전/회전/배속), 화면 크롭, 영상 페이드 인, 영상 페이드 아웃, 음량 조절, 선택된 오디오 편집, 영상
　전환 툴로 선택한 클립을 편집하는 메뉴들이 있는 창입니다.

❺ 타임 라인 : 미디어 소스, 오버레이 클립, 오디오, 텍스트, 이미지의 파일들을 삽입하여 동영상을 시간별로 확인하
　며 편집하는 창입니다.

04강 동영상 파일 추가와 컷 편집

학습 목표
- 동영상 파일을 가져오는 방법을 알아봅니다.
- 동영상 파일을 편집하는 방법을 알아봅니다.
- 프로젝트를 저장하는 방법을 알아봅니다.

[완성파일] 4장편집연습.grp

 생각해 보아요

동영상 편집 프로그램을 활용하여 촬영하거나 만들어 놓은 동영상 파일을 추가하고 진행상 필요 없는 부분을 잘라내거나 필요 없다면 삭제하는 편집 기능을 알아봅니다.

01 동영상 파일 추가하기

01 곰믹스를 실행합니다. [미디어 소스]-[파일 추가]를 클릭합니다. [4강/연습파일] 폴더의 '곰믹스시작연습1.mp4' 파일을 추가합니다.

02 추가한 파일을 타임 라인 안쪽 [미디어 소스]에 드래그하거나 더블 클릭합니다.

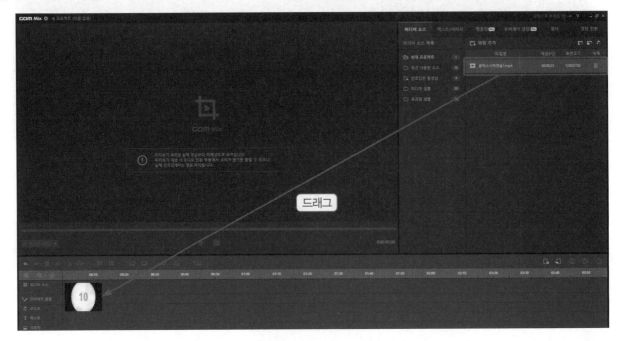

03 파일 추가가 되면 미리 보기 창에 빨간 재생 라인과 타임 라인에 빨간색의 플레이 헤드가 표시되며 노란 박스 안에 파일이 추가된 것을 확인할 수 있습니다. 이 추가된 소스의 노란 박스를 '클립(Clip)'이라고 합니다.

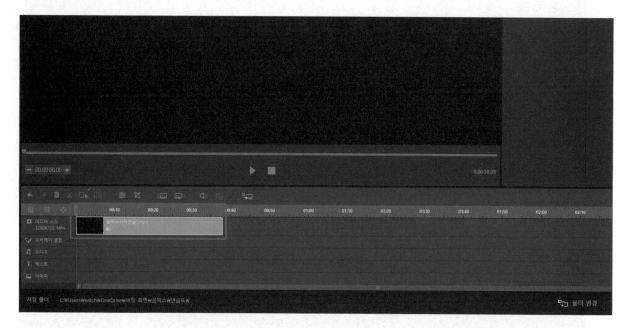

04 동영상 재생을 클릭하여 동영상을 재생해보며 플레이 헤드의 움직임을 확인합니다.

05 타임 라인의 좌측의 [돋보기] 기능을 사용하여 타임 라인을 늘이고 줄여서 사용할 수 있습니다. 타임 라인이 늘어나고 줄여져도 파일의 길이가 변하지는 않습니다. [돋보기 ◉]를 4번 클릭합니다.

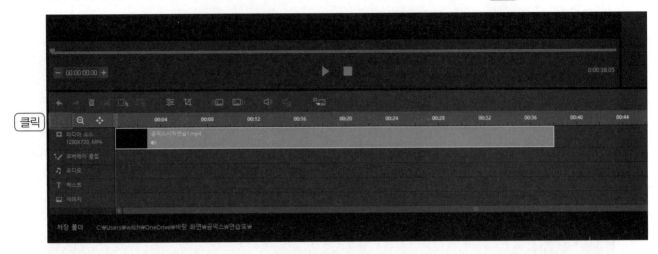

06 다시 원래대로 보고 싶다면 [돋보기 ◉]를 4회 클릭합니다. 1회씩 클릭하며 타임 라인의 변화를 살펴봅니다. 다시 재생하고 싶다면 플레이 헤드를 파일 좌측으로 이동합니다.

플레이 헤드를 정교하게 이동해야 할 때는 키보드의 방향 키의 왼쪽 키를 누룰 때마다 1프레임씩 왼쪽으로 움직이고, 오른쪽 키를 누르면 1프레임씩 오른쪽으로 움직입니다.

01 추가된 동영상 파일이 카운트 3부터 재생되도록 클립의 파일 앞부분을 드래그합니다. 미리 보기 화면의 영상에 카운트 3이 보일 때까지 드래그합니다.

02 선택 편집 툴 메뉴에 [자르기 ✂]를 클릭합니다. 한 개의 동영상 자료가 두 개의 클립으로 나누어진 것을 확인합니다.

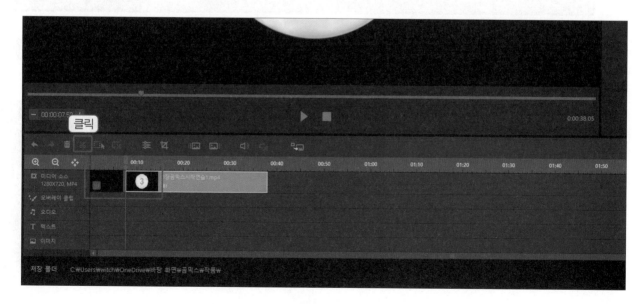

03 선택 편집 툴 메뉴에 [영역 선택하기]를 클릭하여 파일 자르기를 할 수도 있습니다. 파일을 자르기 전으로 돌아가기 위해 선택 편집 툴 메뉴에 [실행 취소 ←]를 클릭합니다.

04 자르기 전 상태로 돌아갔다면 [영역 선택하기]를 클릭합니다. 세로줄이 2줄 생깁니다. 카운트 3 이 보일때까지 오른쪽 세로줄을 드래그하여 선택합니다. 왼쪽 오른쪽 세로줄을 드래그하여 자르고 싶은 부분의 영역을 선택할 수 있습니다.

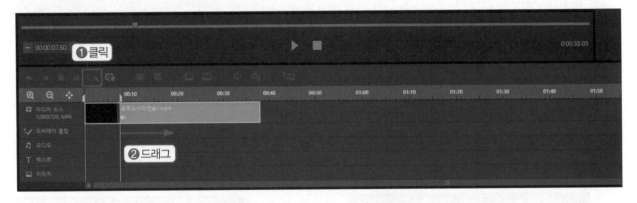

05 선택 편집 툴 메뉴에 [선택영역 제거/선택 영역만 유지/분할]을 클릭하고, [선택영역 제거]를 선택합니다.

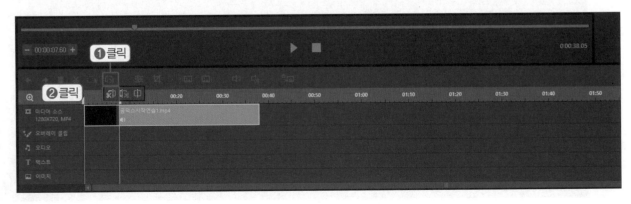

06 동영상의 앞부분 자르기가 잘 되
었는지 플레이 헤드를 파일의 왼
쪽 처음으로 드래그하고 동영상
재생을 클릭합니다.

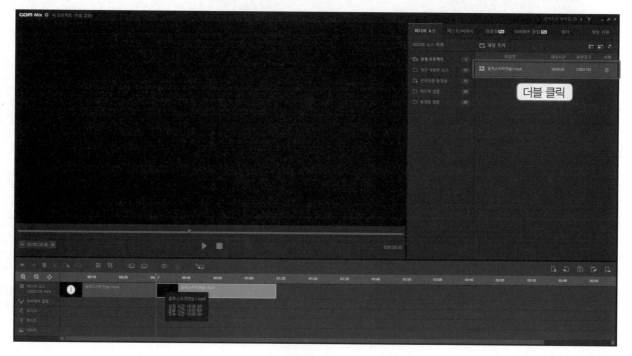

03 동영상 삭제하기

01 라이브러리 창에서 원래의 동영상을 다시 드래그하거나 더블 클릭하고 파일을 불러옵니다.

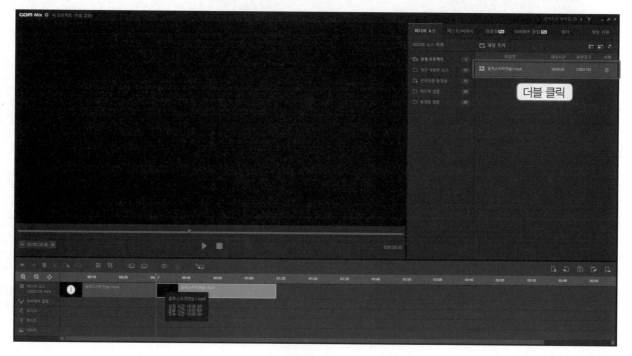

02 앞부분을 자르기 한 동영상 옆으로 하나의 동영상이 추가되었습니다. 자르기 한 동영상을 선택하고 선택 편집 툴 메뉴에 [삭제 🗑]를 클릭합니다. 자르기 한 동영상이 삭제됩니다. 해당 클립을 선택하고 Delete 키를 눌러도 선택 파일이 삭제됩니다.

04 프로젝트로 저장하기

01 오른쪽 하단에 [프로젝트로 저장 💾]을 클릭합니다. 바탕화면에 폴더를 만들고 파일 이름을 '4장편집연습' 이라고 입력한 후 [저장]을 클릭합니다.

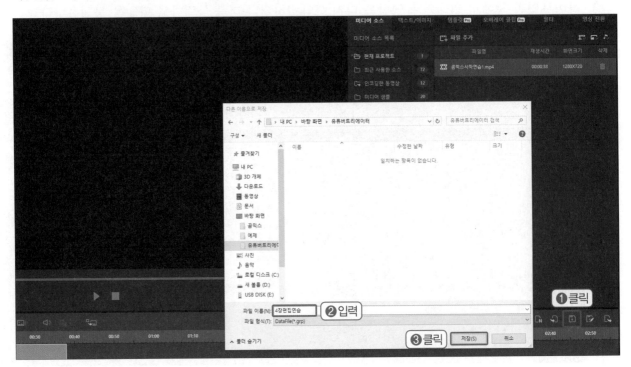

02 곰믹스를 종료하고 다시 실행한 후 [불러오기]를 클릭합니다. 동영상을 재생해 봅니다.

TIP

동영상을 완성한 후 영상편집에 사용된 파일이나 효과, 자막, 오디오 등의 정보를 저장하여 보관하면 다시 수정하거나 영상편집에 필요한 정보가 필요할 때 언제든지 재편집할 수 있습니다. 영상편집의 정보를 담고 있는 프로젝트 파일의 확장자명은 *.grp입니다.

01 [4강/연습파일] 폴더의 '곰믹스시작연습1.mp4'파일을 추가하고 동영상 파일을 불러오세요. 동영상을 재생해보고 앞의 카운트는 4부터 동영상이 시작하도록 영상을 잘라서 삭제해 보세요.

📁 [예제파일] 카운트4.grp

02 1번의 영상에서 뒤쪽의 카운트 5 영상이 시작되기 전까지 동영상이 재생되도록 동영상을 자르기하고 삭제하여 영상을 완성해 보세요.

📁 [예제파일] 카운트5.grp

05강 여러 장의 이미지 추가 및 영상효과 적용

학습
목표

● 이미지 파일을 가져오는 방법을 알아봅니다.
● 비디오 조정에 대해 알아봅니다.
● 영상 전환 효과를 적용하는 방법을 알아봅니다.

📁 [완성파일] 이미지추가영상효과.grp

 생각해 보아요

여러 장의 이미지를 한꺼번에 불러오고 추가할 수 있습니다. 영상 반전과 회전의 효과를 적용할 수도 있고, 영상을 흐리게 나타나게 하거나 흐리게 사라지는 효과를 적용하거나 밀어내며 나타내기 회전하며 나타내기 등의 다양한 효과를 적용할 수 있습니다.

01 [미디어 소스]–[파일 추가]를 클릭하고 [5강/연습파일] 폴더의 '이미지1~이미지9' 까지의 파일을 불러옵니다. 한 장씩 불러올 수도 있지만 마우스를 드래그하여 모든 파일을 선택하여 불러오거나, 키보드의 Ctrl 키를 누른 상태에서 필요한 사진들을 선택하여 하나씩 클릭해서 불러올 수 있습니다.

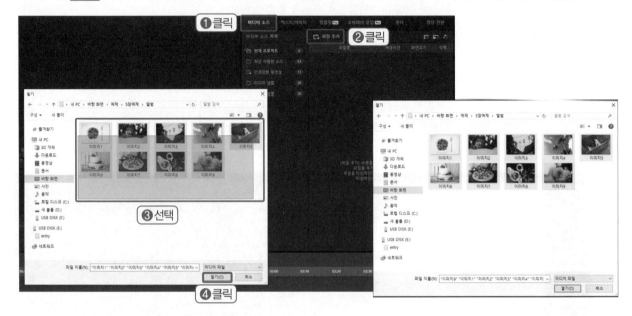

02 곰믹스 화면에 9개의 파일이 추가되었는지 확인한 후 추가된 파일 모두를 [5강/연습파일] 폴더의 모든 파일을 한번에 추가한 것처럼 키보드의 Ctrl 키를 사용하여 선택하고 타임 라인의 미디어 소스에 드래그합니다.

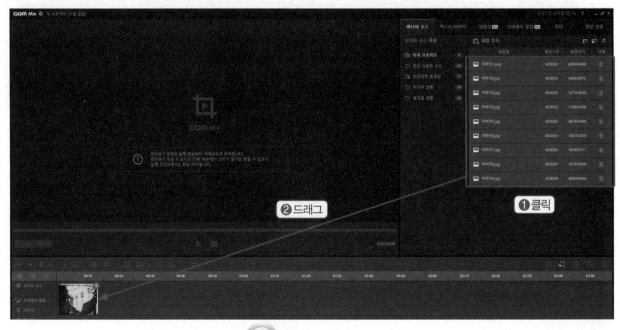

03 타임 라인에 9개의 클립이 생겼다면 재생 버튼을 클릭합니다.

02 영상 반전, 회전하기

01 '이미지1' 클립을 선택하고 선택 편집 툴 메뉴 창에 [비디오 조정(반전/회전/배속)]을 클릭합니다. 비디오 조정에 [반전]−[상하]를 선택하고 적용을 클릭합니다.

02 타임 라인의 '이미지2' 클립을 선택하고 [비디오 조정 ]-[회전(시계 방향)]의 '270도'를 선택하고 적용을 클릭합니다.

03 흐리게 나타나고 흐리게 사라지는 효과 적용하기

01 타임 라인의 '이미지3' 클립을 선택하고 [영상 페이드인 ]을 클릭합니다. 선택한 클립 왼쪽 위쪽에 노란색의 삼각형이 생깁니다.

02 선택 편집 툴 메뉴 창에 [영상 페이드아웃 ]을 클릭합니다. 이번에는 선택한 클립 오른쪽 아래에 노란색 삼각형이 생깁니다. 클립이 선택되지 않을 때는 노란색이 민트색으로 바뀝니다.

03 재생하기를 클릭합니다. 영상 페이드인과 영상 페이드아웃의 효과를 확인합니다.

01 타임 라인의 '이미지5' 클립을 선택하고 선택 편집 툴 메뉴 창에 [영상 전환 🔄]을 클릭합니다. 오른쪽 창에 영상 전환 목록에서 '사라지기'를 선택하고 적용하기를 클릭합니다. 영상 시간을 체크합니다.

02 '이미지4' 클립과 '이미지5' 클립이 겹쳐진 부분에 공간이 보입니다. 위 1번 그림의 영상 시간과 아래 그림의 영상 시간을 비교해 봅니다. 이 효과는 영상과 영상이 겹쳐지는 부분의 시간이 줄어들기 때문에 영상 시간을 잘 고려해서 작업해야 합니다.

03 타임 라인의 '이미지7' 클립을 선택한 후 [영상 전환 목록]에서 '오른쪽 밀어내기'를 선택하고 적용하기를 클릭합니다. 재생을 클릭하고 적용된 효과를 확인합니다. 이 효과도 이미지6 클립과 겹치는 공간이 생겨 영상 시간이 줄어든 것을 확인합니다.

04 타임 라인의 '이미지8' 클립을 선택하고 [영상 전환 목록]에서 '왼쪽으로 덮기'를 선택하고 적용하기를 클릭합니다. 재생을 클릭하고 적용된 효과를 확인합니다. 이 효과도 이미지7 클립과 겹치는 공간이 생겨서 영상 시간이 줄어든 것을 확인합니다.

05 타임 라인의 '이미지9' 클립을 선택하고 [영상 전환 목록]에서 '회전'을 선택하고 적용하기를 클릭합니다. 재생을 클릭하고 적용된 효과를 확인합니다. 이 효과도 이미지8 클립과 겹치는 공간이 생겨서 영상 시간이 줄어든 것을 확인합니다.

01 완성된 5강 파일의 '이미지1' 클립에 영상 '페이드인'과 영상 '페이드아웃' 효과를 적용해 보세요.

📁 [예제파일] 페이드인아웃.grp

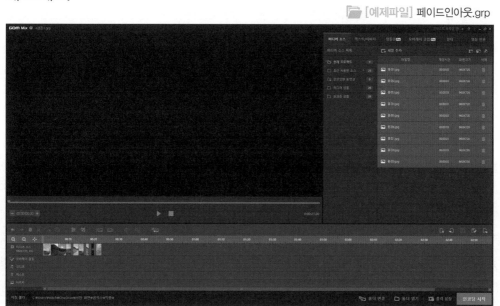

02 1번 영상에 '이미지2' 클립에 영상 전환 중 '문 열기' 효과를 적용해 보세요.

📁 [예제파일] 문열기.grp

06강 동영상에 텍스트 추가하기

학습
목표

● 텍스트를 추가하는 방법을 알아봅니다.
● 텍스트 서식을 설정하는 방법을 알아봅니다.
● 원하는 위치로 텍스트를 이동하는 방법을 알아봅니다.

📁 [완성파일] 텍스트추가.grp

생각해 보아요

동영상의 상황에 맞는 텍스트를 추가하여 영상의 멋을 살리고 전달하고자 하는 메시지를 극대화할 수 있습니다. 특히나 텍스트를 멋지게 꾸미면 잘 만든 영상 못지않은 효과를 낼 수 있습니다.

01 곰믹스를 실행합니다. [6강/연습파일] 폴더의 '베이킹1~베이킹4' 이미지 파일을 추가합니다. 4개의 파일이 추가되었다면 다시 '베이킹1-1' 동영상 파일과 '베이킹4-1' 동영상 파일을 추가합니다.

02 추가한 사진과 동영상을 타임 라인에 추가합니다.

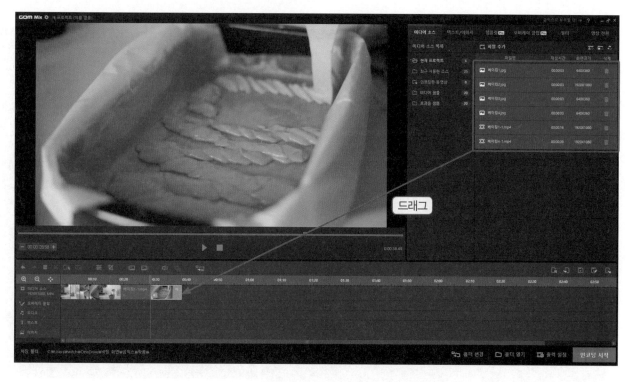

03 '베이킹1-1' 동영상 파일이 '베이킹1' 이미지 파일 다음으로 가도록 클립을 이동합니다. '베이킹1-1' 클립을 마우스로 클릭하고 십자 모양의 이동 아이콘이 생기면 드래그하여 이동하고자 하는 곳에 끼워 넣습니다.

04 첫 번째 클립을 클릭한 후 화면 편집 툴 메뉴 창에 [텍스트/이미지]-[텍스트 추가]를 클릭하고 '케익 만들기'라고 입력합니다.

01 텍스트 메뉴에 폰트 종류를 원하는 글꼴로 선택한 후, 폰트 크기는 '96'으로 선택하고 적용을 클릭합니다. 타임 라인에 텍스트 클립이 생긴 것을 확인합니다.

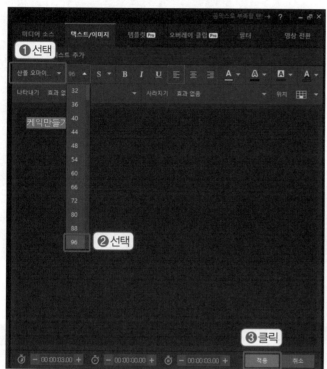

02 [텍스트/이미지]의 텍스트 추가 목록에 [텍스트 수정 ✏️]를 클릭합니다.

03 [텍스트 수정]에 텍스트 스타일을 클릭하고 그림과 같이 선택합니다.

04 텍스트 스타일이 바뀌었다면 [위치]를 클릭하고 가운데를 선택한 후 적용하기를 클릭합니다.

05 두 번째 클립을 선택합니다. [텍스트 추가]를 클릭하고 '달걀을 깨서 준비해 주세요'라고 입력합니다.

06 글자를 입력했다면 [텍스트 색]을 클릭하고 원하는 색을 선택합니다.

07 [나타내기]를 클릭하고 '왼쪽에서 나타나기'를 선택합니다.

08 [사라지기]를 클릭하고 '서서히 작아지며 사라지기'를 선택합니다.

09 타임 라인의 노란색 줄과 흰색 줄을 확인하고 아래 그림과 같이 줄을 클릭하여 두 번째 클립의 끝까지 드래그하고 적용하기를 클릭합니다.

10 타임 라인에 두 번째 클립의 길이만큼의 크기로 텍스트 클립이 추가된 것을 확인합니다. 플레이 헤드를 클릭하고 클립의 맨 앞으로 드래그하여 이동한 후 재생하기를 클릭합니다. 프로젝트로 저장하기를 합니다.

01 완성된 6강 파일에 프로젝트로 저장하기 한 파일의 세 번째 클립에서, 텍스트를 영상에 어울리는 텍스트를 삽입하고 텍스트의 폰트 종류와 폰트 크기를 변경해서 적용해 보세요.

📁 [예제파일] 어울리는텍스트.grp

02 1번의 파일에 마지막 클립을 선택하고 영상에 어울리는 텍스트를 삽입합니다. 나타나기와 사라지기를 각각 클릭하고 원하는 효과를 적용해 보세요. 타임 라인의 텍스트 클립을 동영상의 길이만큼 드래그하여 조정해보세요.

📁 [예제파일] 나타나기사라지기.grp

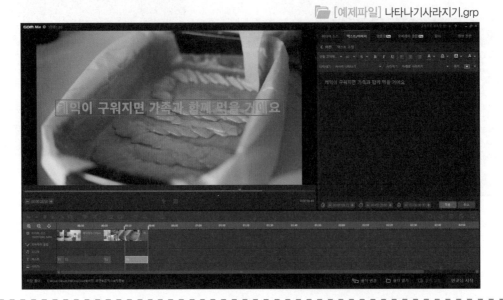

07강 동영상에 이미지 추가하기

학습 목표
● 동영상에 재미있는 이미지를 삽입하는 방법을 알아봅니다.
● 애니메이션 이미지를 추가하는 방법을 알아봅니다.

📁 [완성파일] 이미지추가.grp

출처 : 엔트리(Copyright © 2018Connect Foundation. Some rights reserved.

생각해 보아요

동영상에 재미있는 이미지를 추가하여 흥미를 유발하고 영상을 멋지게 표현할 수 있습니다. 또한 전달하고자 하는 내용을 강조할 수 있고 자막과 어울리는 이미지를 추가하여 더욱더 다채롭고 돋보이는 영상을 만들 수 있습니다.

01 곰믹스를 실행하고 [7강/연습파일] 폴더의 '눈오는날눈사람.mp4' 파일을 추가하고 타임 라인에 추
가합니다.

02 화면 편집 툴 메뉴 창에 [텍스트/이미지]–[이미지 추가]를 클릭합니다.

03 기본 이미지 라이브러리 창에 소스들이 무엇이 있는지 둘러보고 '아이스크림 02'를 선택합니다.

04 적용하기를 클릭한 후 이미지 박스를 드래그하여 원하는 위치에 이동합니다.

05 원하는 위치로 이동한 후 이미지 박스를 조정하여 크기 조정을 하고 드래그하여 이미지의 기울기를 조정합니다.

06 아이스크림이 동영상이 끝날 때까지 나타나게 하도록 타임 라인 안에 이미지 클립을 클릭하고 동영상의 끝까지 드래그합니다.

07 [이미지 추가]– [기본 이미지]의 라이브러리 창에서 '심쿵'을 선택하고 미리 보기 창에 원하는 위치로 드래그하여 이동합니다. 이미지 메뉴에서 [투명도]를 클릭하고 '50%'를 선택합니다. 적용하기를 클릭합니다.

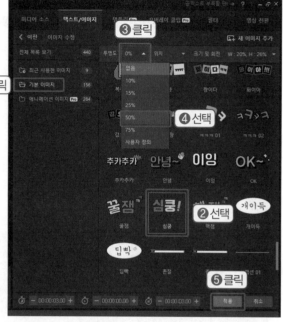

08 '심쿵'이미지가 동영상 재생 후 2초 뒤에 나타나서 동영상이 끝날 때까지 나타나도록 이미지 클립을 클릭하고 드래그합니다.

01 [이미지 추가]–[애니메이션 이미지]를 클릭합니다.

02 라이브러리 창에 '화남 02'를 선택하고 크기를 조절해서 '심쿵' 이미지 옆에 이동시킵니다. 적용하기를 클릭합니다.

03 '화남 02'이미지도 '심쿵' 이미지가 보이는 것과 같은 만큼 클립을 클릭하고 드래그합니다. '심쿵' 클립과 겹치게 됩니다. 플레이 헤드를 맨 앞으로 이동하고 동영상을 재생해 봅니다.

03 새 이미지 추가하기

01 [이미지 추가]–[새 이미지 추가]를 클릭합니다.

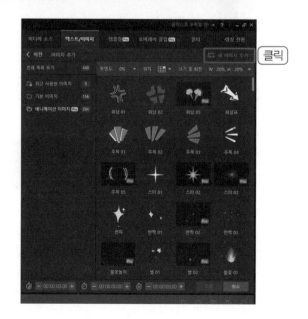

02 [7강/연습파일] 폴더의 '고양이힐.jpg' 파일을 추가하고 적용을 클릭합니다. 라이브러리 창 밑에 이미지가 나타나는 시간의 시작과 끝을 시작시간은 '1초'로 종료시간은 '6초'로 −,+를 클릭하여 조정하고 적용하기를 클릭합니다.

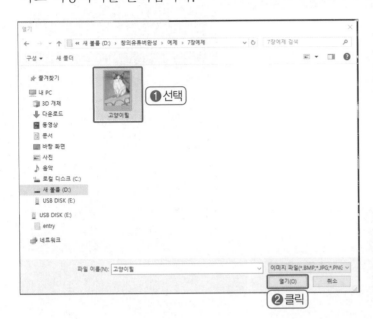
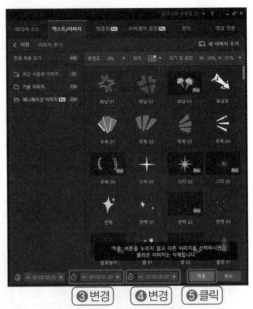

03 '고양이힐'의 이미지를 원하는 위치로 드래그하여 이동하고 크기 조절을 합니다. 동영상을 재생하고 만들어진 영상을 확인합니다. 프로젝트로 저장하기를 클릭한 후 저장을 합니다.

TIP 다양한 곰믹스의 이미지 파일 라이브러리 창을 보면 pro라고 쓰여있는 영상들이 많습니다. 유료 곰믹스 pro를 사용하면 더 많은 이미지를 사용할 수 있습니다. 다양한 기능을 익힌 후 곰믹스 프로그램으로는 표현하기 어려운 영상편집을 원한다면 다양한 영상편집 프로그램의 체험판을 사용해 볼 수도 있습니다.

01 [7강/연습파일] 폴더의 '눈오는날눈사람.mp4' 파일을 추가하고 [텍스트/이미지]-[기본 이미지]에서 다양한 이미지를 추가해 보세요.

📁 [예제파일] 다양한이미지.grp

02 1번의 동영상에 [애니메이션 이미지]를 사용하여 다양한 이미지를 추가해 보세요.

📁 [예제파일] 애니메이션이미지.grp

08 강

동영상에 오디오 파일 추가하고 편집하기

학습 목표
● 효과음을 삽입하는 방법을 알아봅니다.
● 오디오 파일을 추가하는 방법을 알아봅니다.
● 오디오 파일을 편집하는 방법을 알아봅니다.

📁 [완성파일] 오디오파일편집.grp

출처 : 엔트리(Copyright © 2018Connect Foundation. Some rights reserved.

생각해 보아요

동영상에 효과음과 오디오 파일을 추가하여 밋밋한 영상에 재미를 더하고 전달하고자 하는 의도를 더욱더 강하게 전달할 수 있습니다. 오디오 편집을 이용하여 필요한 소리의 길이를 자르거나 소리의 시작과 끝에 소리 크기를 조절할 수 있습니다.

01 곰믹스를 실행하고 [8강/연습파일] 폴더의 '빅볼홈런.mp4' 파일을 추가하고 타임 라인에 불러옵니다. 재생하기를 클릭하고 어떤 영상인지 확인합니다.

02 화면 편집 툴 메뉴창에 [미디어 소스 목록]-[효과음 샘플]을 클릭합니다. '등장나팔' 파일을 선택하여 타임 라인에 추가되도록 더블 클릭합니다.

03 '등장나팔' 효과음이 타임 라인에 추가되었다면 동영상을 재생하고 타자가 빅볼을 치기 전까지 효과음이 나오도록 클릭하고 드래그하여 조정합니다.

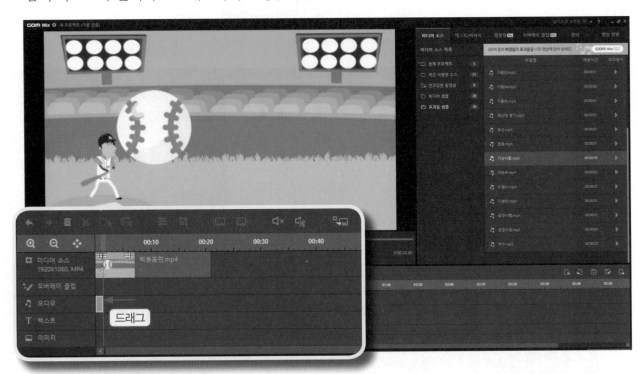

04 [효과음 샘플]에 '박수' 파일을 선택하고 '등장나팔' 효과음 다음으로 '박수' 효과음이 나오도록 타임 라인에 추가합니다.

05 효과음이 추가되었다면 동영상을 재생하고 동영상의 움직임에 어울리는지 확인합니다. '박수' 오디오 클립을 클릭합니다. [음량 조절 🔊]을 '50'으로 조절합니다. 동영상 재생을 클릭하고 소리 크기의 변화를 확인합니다.

02 오디오 파일 추가하기

01 [미디어 소스 목록]-[현재 프로젝트]-[파일 추가]를 클릭합니다. [8강/연습파일] 폴더의 동영상 '꽃에물.mp4' 파일을 추가하고 타임 라인에도 추가합니다.

02 [파일 추가]를 클릭하고 [8강/연습파일] 폴더의 '휘파람편집.mp3' 오디오 파일을 추가합니다. 타임 라인에도 추가합니다.

03 동영상 재생을 클릭하고 추가된 오디오 파일이 들리는지 확인합니다. '꽃에물' 영상은 19초 동안 재 생됩니다. '휘파람편집' 클립을 '꽃에물' 영상의 길이와 같이 편집합니다. [선택된 오디오 편집] –[편집]을 선택합니다.

04 오디오 편집 팝업 창에 길이를 '19'초로 조절하고 [선택 영역만 유지 ]를 클릭합니다.

05 적용하기를 클릭한 후 '휘파람편집' 클립의 길이가 잘린 것을 확인합니다.

06 다시 '휘파람편집' 클립을 선택한 후 [선택된 오디오 편집]-[편집]을 선택합니다. 오디오 편집기 메뉴에 [페이드아웃]을 클릭합니다.

07 [페이드아웃] 창에 [끝 음량]을 '20'으로 조정하고 적용하기를 클릭합니다.

08 동영상 재생을 클릭하고 오디오 음악이 끝으로 갈수록 작아지는지 확인합니다. 프로젝트로 저장하기를 클릭합니다.

01 완성된 8장에 [8강/연습파일] 폴더의 '떡볶이.jpg' 파일을 추가하고 타임 라인 안에 '빅볼 홈런' 클립과 '꽃에물' 클립사이에 추가해 보세요. [효과음 샘플]에서 추가하고 싶은 효과 음을 추가하여 '떡볶이' 영상이 나올 동안만 소리가 나도록 편집해 보세요.

[예제파일] 떡볶이.grp

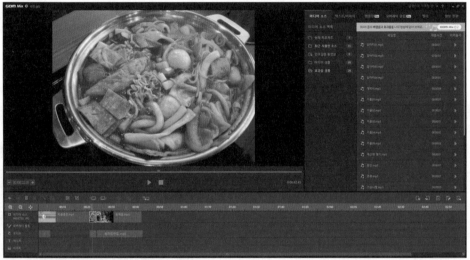

02 위의 파일에 [8강/연습파일] 폴더의 '꽃에물.mp4' 파일을 타임 라인에 다시 추가합니다. 같은 폴더의 '오디오편집7.mp3' 파일을 추가하고 [페이드 인] 효과를 적용해 보세요.

[예제파일] 꽃에물.grp

09강 템플릿 효과 적용 및 오버레이 클립 효과 적용하기

학습
목표
● 템플릿 효과를 적용하는 방법을 알아봅니다.
● 오버레이 클립 효과를 적용하는 방법을 알아봅니다.

📁 [완성파일] 효과적용.grp

🎤 **생각해 보아요**

동영상을 시작하거나 화면 전환 시 템플릿 효과와 오버레이 클립 효과를 사용하여 더욱더 자연스럽고 멋지게 영상의 흐름을 연결할 수 있고 표현할 수 있습니다.

01 곰믹스를 실행하고 [미디어 소스]–[미디어 샘플]
을 클릭한 후 라이브러리 창에 '생일축하' 파일을
선택합니다.

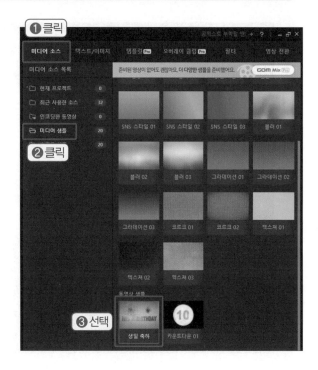

02 '생일축하' 파일을 타임 라인에 추가하고 [템플릿]을 클릭합니다. 라이브러리 창에 '파티 배경–연결'
을 선택하고 타임 라인에 추가합니다.

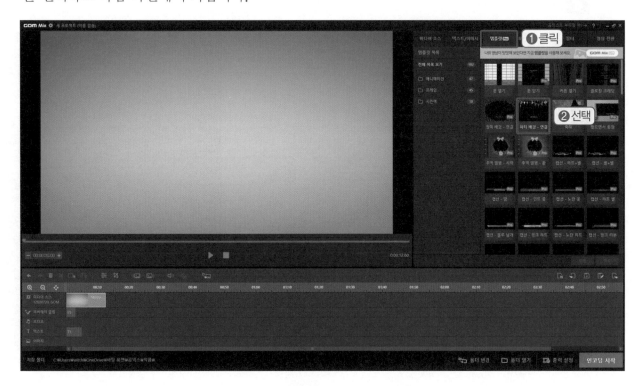

03 동영상 재생하기를 클릭하고 영상을 확인합니다. 템플릿 효과가 적용되고 '내용을 입력하세요'라는 문자가 추가되었습니다.

04 타임 라인의 텍스트 클립을 선택하고 [텍스트/이미지]를 클릭합니다. 라이브러리 창에 [텍스트 수정 ✏️]을 클릭합니다.

05 '동영상 편집 연습'을 입력하고 [폰트 종류]를 원하는 글씨체로 변경하고 [폰트 크기]는 '80'으로 변경합니다. [텍스트 색]과 [텍스트 윤곽선 색]도 원하는 색으로 변경합니다. [나타나기] 효과를 '위에서 나타나기'를 선택하고 미리 보기 창에 텍스트를 클릭하여 원하는 위치로 이동합니다.

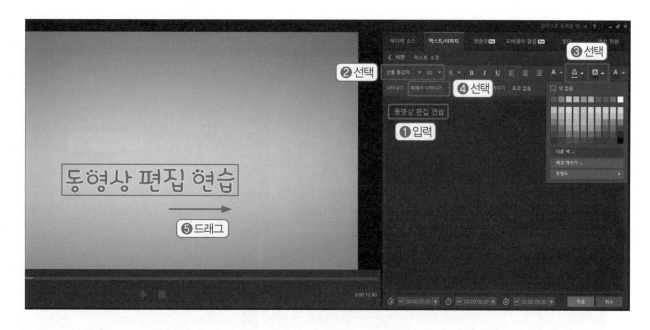

06 텍스트 나타나는 시간을 '12'초로 변경하고 적용하기를 클릭합니다. 타임 라인에 오버레이 클립을 클릭하고 영상의 길이만큼 드래그합니다. 동영상을 재생해 봅니다.

02 오버레이 클립 효과 적용하기

01 플레이 헤드를 '생일축하' 영상 끝으로 이동시킨 후 [9강/연습파일] 폴더의 '떡복이.jpg' 파일을 추가하고 타임 라인에 추가합니다.

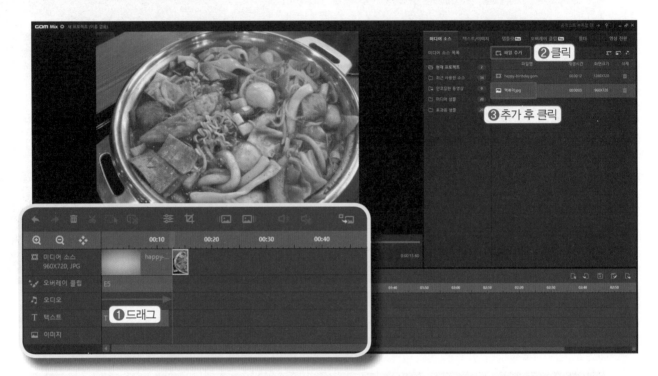

02 화면 편집 툴 메뉴 창에 [오버레이 클립]을 클릭합니다. '왼쪽 클로즈업->전체 화면'을 선택합니다. 적용하기를 클릭하고 시작하는 영상의 화면 변화를 확인합니다.

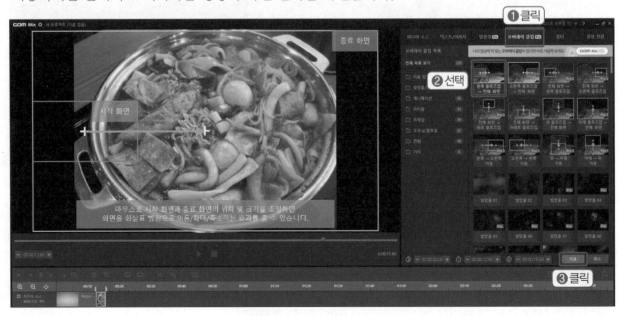

03 화살표를 변화시켜 지정하면 정하는 부분이 클로즈업되며 표현이 됩니다. '왼쪽 클로즈업→전체 화면'을 다시 클릭하고 아래 그림과 같이 오버레이의 화살표를 조절합니다. 적용하기를 클릭합니다.

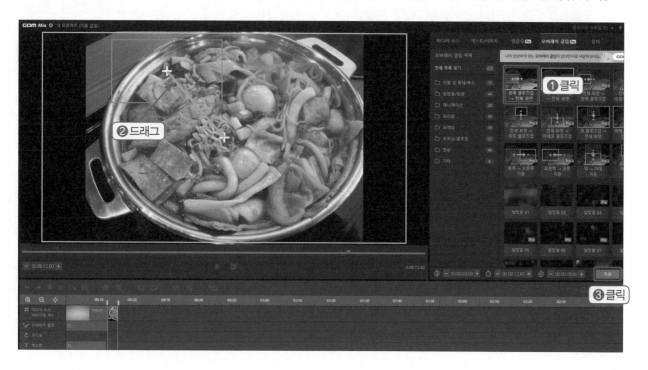

04 동영상 재생하기를 클릭하여 영상의 변화를 확인합니다.

05 [미디어 샘플] 라이브러리 창에서 '그라데이션 03' 파일을 선택하고 타임 라인에 추가합니다.

06 [오버레이 클립] 라이브러리 창에 '빗방울 02'를 선택하고 적용하기를 클릭합니다. 동영상 재생하기를 클릭하고 선택한 효과의 적용을 확인합니다. 프로젝트로 저장하기를 합니다.

01 [미디어 샘플] 라이브러리 창에 '카운트다운 01'을 추가하고 [템플릿]에 '문 열기' 효과를 적용해 보세요. 텍스트를 '크리에이터 되기 연습'으로 입력하고 폰트 종류와 폰트 스타일 등 텍스트 편집을 원하는 대로 적용해 보세요.

📁 [예제파일] 문열기.grp

02 1번의 동영상에 [미디어 샘플] 라이브러리 창의 '텍스처 02'를 선택하고 추가해 보세요. [오버레이 클립]을 클릭하고 라이브러리 창에 '사랑해' 효과를 선택하여 적용해 보세요.

📁 [예제파일] 사랑해.grp

10강 필터 효과 적용하기 및 자막효과 만들기

학습 목표
- 필터 효과를 적용하는 방법을 알아봅니다.
- 자막 효과를 적용하는 방법을 알아봅니다.

📁 [완성파일] 필터자막효과.grp

 생각해 보아요

필터 효과를 사용하면 영상에 모자이크 처리나 오래된 화면을 보는 것과 같은 효과 등 여러 가지 분위기를 다양하게 연출할 수 있습니다. 또한 자막을 사용하면 오디오가 없어도 동영상의 상황 설명과 이해도를 높이는 효과를 볼 수 있습니다.

01 곰믹스를 실행하고 [10강/연습파일] 폴더의 '공원', '색콘', '케익들', '네오', '라이언', '어피치', '제이지', '튜브', '프로도' 이미지 파일을 추가하고 타임 라인에 추가합니다.

02 첫 번째 클립을 클릭하고 화면 편집 메뉴 툴에 [필터]-[필터 목록]-[색상형]-[색상 보정]의 '색상/채도/명도'를 클릭합니다. 아래 그림과 같이 색상 막대를 '왼쪽'으로 채도 막대를 '오른쪽'으로 명도 막대도 '오른쪽'으로 이동시켜 보며 미리 보기 창에 영상의 색상의 변화를 확인합니다.

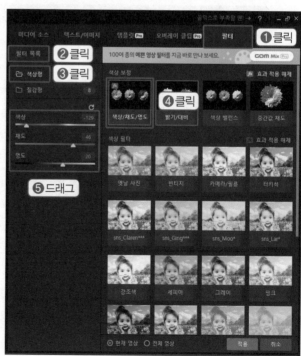

03 이 색감이 마음에 들지 않는다면 [색상 보정]-[효과 적용 해제]를 클릭합니다. 미리 보기 창에 영상이 처음 화면으로 변경되었다면 [밝기/대비], [색상 밸런스], [중간값 채도]를 각각 클릭하고 어떤 효과가 적용되는지 확인합니다.

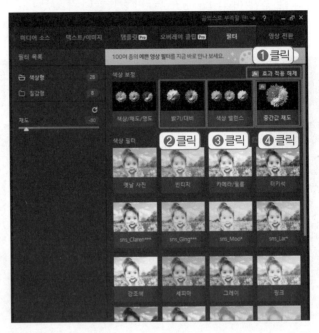

04 두 번째 클립을 클릭하고 [색상 필터]의 '카메라/필름'을 선택합니다. 적용하기를 클릭하면 클립위에 'fx'표시가 생깁니다.

05 타임 라인에 4번째 클립을 선택합니다. [필터 목록]-[질감형]을 클릭하고 '모자이크'를 클릭합니다.

06 [필터 목록]에 크기 막대를 조정해서 모자이크 크기를 조절합니다. 필요한 영상에 적절하게 효과적용을 할 수 있습니다.

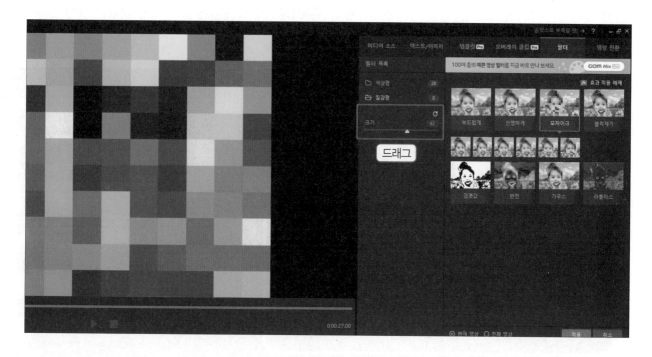

07 타임 라인에 6번째 클립을 선택합니다. [필터 목록]-[색상형]에 '옛날 사진'을 클릭합니다. '전체 영상'을 선택하여 클릭하고 적용하기를 클릭합니다. 동영상 재생을 클릭하고 동영상을 확인합니다. 필터 효과를 현재 영상에만 적용할 수도 있지만 모든 영상에 한꺼번에 적용할 수 있습니다.

02 동영상에 자막효과 만들기

01 첫 번째 미디어 소스 클립을 클릭하고 [필터 목록]에 '카메라/필름'을 선택합니다. '전체 영상'을 선택하고 적용하기를 클릭합니다.

02 [텍스트/이미지]–[이미지 추가]를 클릭합니다. 라이브러리 창에 '캡션 16'을 선택하고 미리 보기 창에서 크기와 위치를 조정합니다. 적용하기를 클릭합니다.

03 [텍스트 추가]를 클릭합니다. '자막영상 만들기를 연습해요'를 입력하고 2번의 '캡션 16' 이미지 안에 글자가 들어가도록 원하는 폰트 종류와 스타일 그리고 크기를 변경합니다. 적용하기를 클릭합니다.

04 타임 라인 미디어 소스의 2번째 클립을 선택하고 [텍스트/이미지]에 '캡션 16'을 추가한 이미지 목록의 [복사]를 클릭합니다. 마찬가지로 2번째 클립의 '자막영상 만들기를 연습해요'를 입력한 목록의 [복사]를 클릭합니다. 동영상 재생을 클릭하고 2번째 클립까지 자막이 추가된 것을 확인합니다.

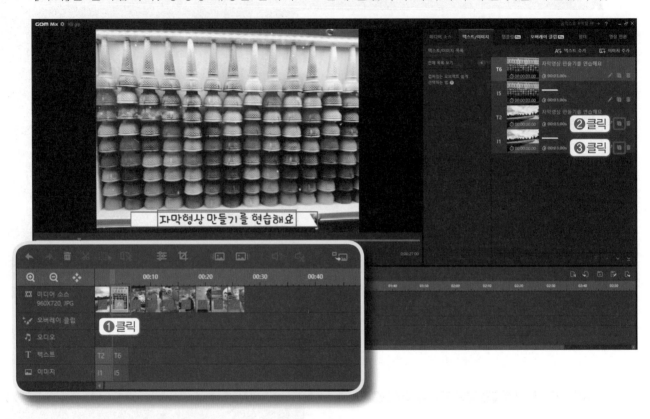

05 같은 내용과 같은 형식의 자막이라면 클립을 드래그하여 영상의 길이까지 적용할 수 있습니다.

01 완성된 9강 파일에서 타임 라인의 미디어 소스에 마지막 클립을 선택하고 '더운'필터 효과를 적용해 보세요.

📂 [예제파일] 더운필터.grp

02 1번의 영상에 '말풍선 06' 이미지를 추가하고 '멋진 유튜버'라고 입력해 보세요.

📂 [예제파일] 멋진유튜버.grp

11강 인트로영상 만들기

학습 목표
- 이미지를 겹치게 편집하는 방법을 알아봅니다.
- 인트로에 오디오를 추가하는 방법을 알아봅니다.
- 동영상으로 인코딩하는 방법을 알아봅니다.

📁 [완성파일] 인트로영상.mp4, 인트로영상.grp

 생각해 보아요

5초 동안 재생되는 인트로 영상을 만듭니다. 어떤 영상으로 무엇을 전달할 것인지 생각해보고 스케치한 후 곰믹스의 다양한 이미지와 텍스트를 사용하여 표현해 봅니다. 편집이 끝나면 인코딩 시작을 하고 동영상 파일로 변환합니다.

01 이미지 위에 이미지 겹치기

01 곰믹스를 실행하고 [미디어 소스]–[미디어 샘플] 라이브러리에 'SNS 스타일 03'을 선택하고 타임 라인에 추가합니다. 5초 동안의 영상이 만들어지도록 클립을 드래그합니다.

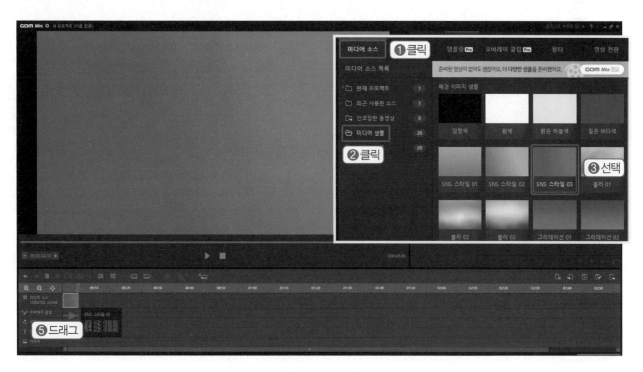

02 [텍스트/이미지]–[이미지 추가]에 '말풍선 01'을 선택합니다. 원하는 위치와 크기를 조정하고 2초까 지 영상이 나오도록 시간 조정을 하고 적용하기를 클릭합니다.

03 [이미지 추가]에 '꿀잼'을 선택하고 '말풍선 01' 이미지에 겹쳐지도록 크기 조절과 위치를 조절합니다. 2초까지 나타나도록 시간 조정을 합니다. 적용하기를 클릭합니다.

02 순서에 맞춰 텍스트 추가하기

01 [텍스트 추가]를 클릭하고 '창의력 팡팡! CQ가 쑥쑥!'을 입력합니다. 아래 그림과 같이 글자를 꾸며 줍니다. 2초 동안 나타나도록 시간 조정을 하고 적용하기를 클릭합니다.

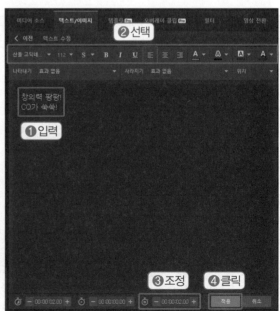

02 [이미지 추가]−[애니메이션 이미지]에 '지적'을 선택합니다. 그림과 같이 크기와 위치를 조절합니다. 이미지가 시작하는 시간을 '02.03'초로 끝나는 시간을 '4'초로 조정하고 적용하기를 클릭합니다.

03 [텍스트 추가]를 클릭하고 '당신도 될 수 있어요 !'를 입력합니다. 그림과 같이 글자 크기와 스타일을 변경하고 원하는 위치에 이동합니다. 이미지가 시작하는 시간을 '02.03'초로 끝나는 시간을 '4'초로 조정하고 적용하기를 클릭합니다.

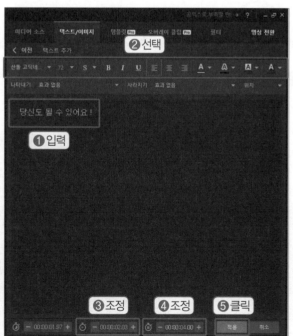

04 [텍스트 추가]를 클릭한 후 '유튜브 크리에이터'를 입력하고 글자 크기와 스타일을 변경합니다. '깜빡거리며 나타나기' 효과를 선택하고 원하는 위치로 이동한 후 이미지가 시작하는 시간을 '04.03'초로 끝나는 시간을 '5'초로 조정합니다. 적용하기를 클릭합니다.

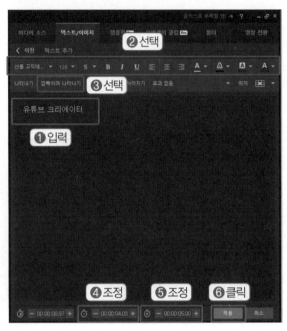

05 플레이 헤드를 앞으로 이동하고 동영상 재생하기를 클릭합니다.

03 인트로 동영상에 오디오 추가하기

01 [미디어 소스]−[파일 추가]를 클릭합니다. [11강/연습파일] 폴더의 '인트로1.WAV'오디오 파일을 추가하고 타임 라인에 추가합니다.

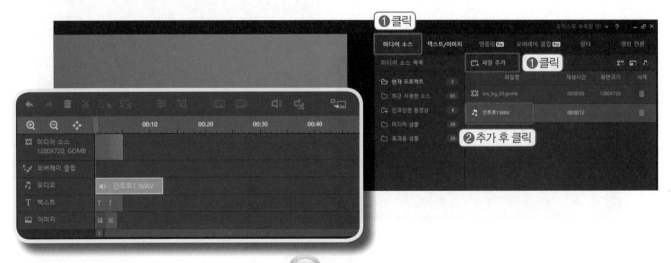

02 타임 라인의 오디오 클립을 선택하고 [선택된 오디오 편집 ]-[편집]을 선택합니다.

03 오디오 편집 팝업 창의 종료 구간 선택을 '5초'로 조정하고 [선택영역만 유지]를 클릭합니다. 적용하기를 클릭합니다.

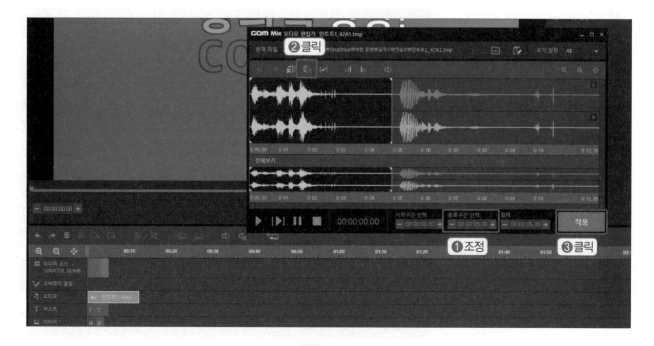

04 동영상 재생을 해봅니다. 텍스트가 순서에 맞게 재생되고 오디오가 잘 추가되었는지 확인해 봅니다. 프로젝트로 저장을 합니다.

04 인코딩하기

01 [인코딩 시작]을 클릭합니다. 팝업 창에 저장 경로를 설정한 후 파일 이름을 설정하고 [인코딩 시작]을 클릭합니다.

02 동영상 재생하기를 클릭한 후 인코딩된 동영상을 확인합니다.

01 완성된 11강 파일에 [미디어 샘플]의 원하는 배경 이미지를 선택하고 타임 라인에 추가합니다. '충격 01' 이미지 파일을 선택하고 '헉'이라는 텍스트를 추가하여 편집해 보세요.

[예제파일] 헉.grp

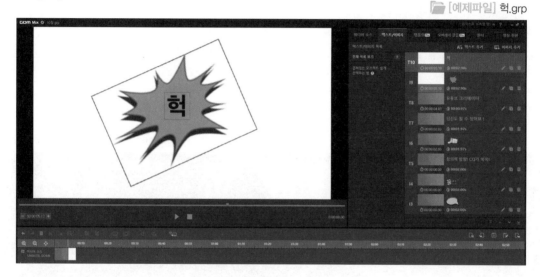

02 새 프로젝트를 클릭하고 원하는 배경 이미지를 선택하여 추가합니다. 1초 동안 한 문장 씩 텍스트가 보이도록 편집해 보세요. '유튜버 크리에이터 되기', '동영상 편집 연습', '꾸준히 하기'의 텍스트를 입력해 보세요. 나타내기 효과와 재미있는 이미지도 추가해 보세요.

[예제파일] 1초문장.grp

12강 여러 개의 동영상을 하나로! 두리둥실이 이야기

학습 목표
- 동영상을 자르고 순서대로 연결하는 방법을 알아봅니다.
- 말풍선을 삽입하고 편집하는 방법을 알아봅니다.
- 자막 텍스트를 삽입하는 방법을 알아봅니다.

📁 [완성파일] 두리둥실이이야기.mp4, 두리둥실이이야기.grp

 생각해 보아요

앞에서 익힌 곰믹스 편집 기능을 활용하여 짧은 동영상 편집을 해봅니다. 여러 개의 영상 자료를 사용하여 불필요한 곳을 자르기도 하고 필요한 곳에 다시 추가할 수 있습니다. 화면에 어울리는 말풍선이나 자막 기능을 사용해 보며 동영상 편집 연습을 해봅니다.

01 여러 개의 영상자료 컷하고 추가하기

01 곰믹스를 실행하고 [12강/연습파일] 폴더의 '토리1.jpg', '두리둥실1.mp4', '두리둥실2.mp4', '토리 2.jpg' 파일을 추가합니다. 타임 라인에 파일을 순서대로 추가합니다.

02 2번째 영상 클립을 클릭합니다. '10초'와 '12초'사이를 영역 선택후 [선택영역 제거 ✂]를 합니다.

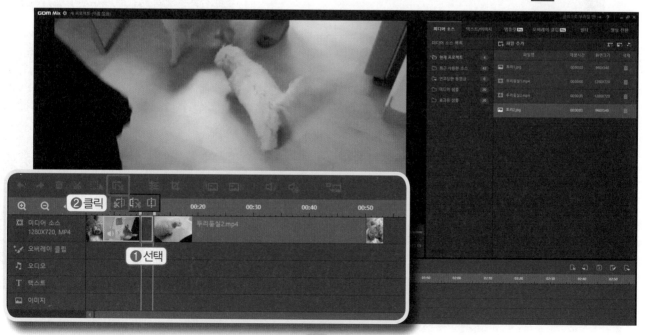

03 3번째 영상 클립을 클릭합니다. '20초'와 '46초'사이를 영역 선택후 [선택영역 제거 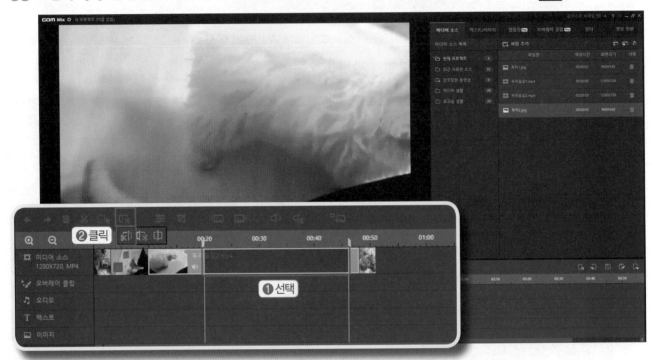]를 합니다.

04 필요 없는 영상이 제거되었다면 플레이 헤드를 클립의 맨 끝으로 이동시킨 후 라이브러리 창에 '두 리둥실2' 파일을 타임 라인에 다시 추가합니다.

05 추가된 파일의 클립을 클릭합니다. [영역 선택하기 ▦]를 클릭하고 타임 라인의 '25'초와 '54'초 구간을 선택합니다. [선택영역 제거 ✂]를 선택하고 클릭합니다.

06 선택영역이 제거되었다면 다시 [영역 선택하기 ▦]를 클릭하고 타임 라인의 '25'초와 '31'초 구간을 선택합니다. 이번에는 [선택영역만 유지 ✂]를 선택하고 클릭합니다.

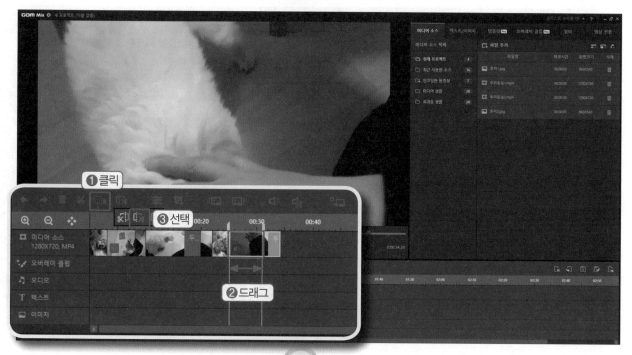

07 선택영역만 남은 클립을 '토리2' 클립 앞에 오도록 드래그하여 이동하고 동영상 재생을 클릭한 후 길이가 짧아진 동영상을 확인합니다.

02 말풍선과 반투명 글자판 자막 만들기

01 '토리1' 클립을 클릭하고 아래 그림과 같이 [텍스트/이미지]-[텍스트 추가]를 클릭한 후 '두리 둥실 이를 소개할께요'를 입력합니다. 지속 시간은 3초 동안만 영상에 보이도록 합니다.

02 [텍스트/이미지]–[이미지 추가]에 '말풍선 01' 이미지를 추가하고 타임 시작을 '1'초로 지속 시간은 '2초'로 조정합니다.

03 말풍선 안에 텍스트를 추가한 후 '나는? 멍~'을 입력하고 타임 시작을 '1'초로 지속 시간은 '2'초로 조정합니다. 적용하기를 클릭합니다.

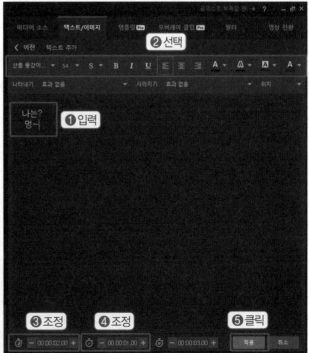

04 두 번째 클립을 클릭하고 아래 그림과 같이 ' 말풍선 04' 이미지를 추가하고 종료 시간을 '4'초로 조정합니다. 텍스트 추가를 한 후 '나는 두리 멍~'을 입력하고 종료 시간을 '4'초로 조정합니다. 적용하기를 클릭합니다.

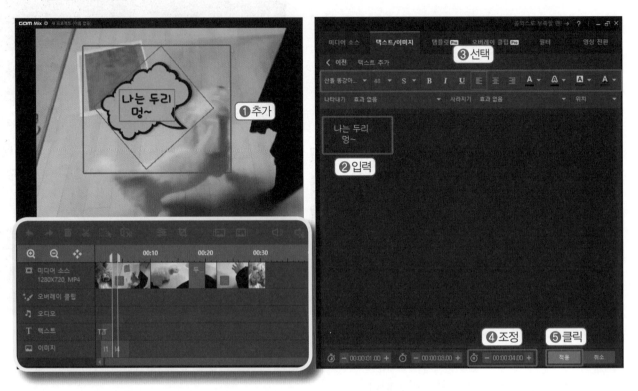

05 세번째 클립을 클릭합니다. 아래 그림과 같이 '말풍선 03' 이미지를 추가하고 종료 시간을 '12.96'초로 조정합니다. 텍스트 추가를 한 후 '나는 둥실 멍멍~'을 입력하고 종료 시간을 '12.96'초로 조정합니다.

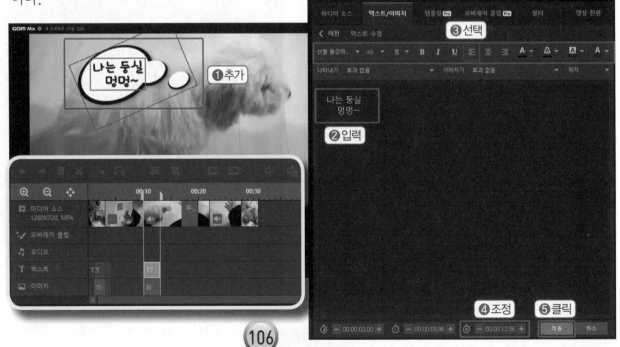

06 다시 [이미지 추가]를 클릭하고 '말풍선 03'이미지를 추가합니다. 타임 시작은 '14.29'초'로 종료 시간은 '15.49'초로 조정하고 적용하기를 클릭합니다.

 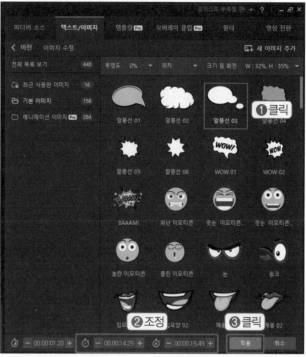

07 [텍스트 추가]를 클릭하고 '내 필살기 손을 줄게'를 입력합니다. 타임 시작은 '14.29'초'로 종료 시간은 '15.49'초로 조정하고 적용하기를 클릭합니다.

 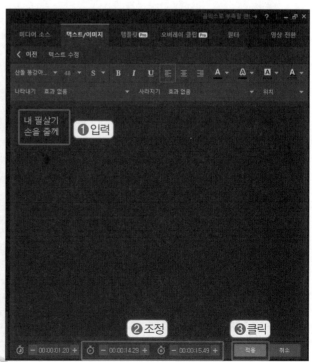

08 재생하기를 클릭하여 자막과 영상이 어울리게 추가되었는지 확인합니다.

09 타임 라인의 2번째 클립을 클릭하고 [텍스트/이미지] 라이브러리 창에 '캡션 02' 이미지를 선택합니다. 투명도를 '50'으로 조정하고 크기를 아래 그림과 같이 조정한 후 적용을 클릭합니다.

10 [텍스트 추가]를 하고 '오늘도 두리 둥실이의 하루는 주인님 졸졸 따라다니기'를 입력한 후 그림과 같이 '캡션 02' 이미지 박스 안에 들어가도록 크기와 위치를 변경합니다. 적용하기를 클릭합니다. 타임 라인에 텍스트와 이미지 클립을 적당하게 길이 조절을 합니다.

11 인코딩을 하여 동영상 출력 영상을 만들어 봅니다.

01 12강의 영상 뒤편에 어울릴 만한 말풍선을 추가해 보세요.

📁 [예제파일] 말풍선.grp

02 1번처럼 영상 뒤편에 어울릴 만한 자막을 추가해 보세요.

📁 [예제파일] 자막추가.grp

13강 나만의 로고 만들기

학습
목표
● 파워포인트를 이용하여 나만의 로고를 만들어 봅니다.
● 프로젝트 파일에 로고를 적용하는 방법을 알아봅니다.

📂 [완성파일] 나만의로고.grp

 생각해 보아요

나만의 로고를 만들어 동영상에 적용하면 나를 각인시킬 수 있습니다. 로고를 만들 수 있는 많은 프로그램이 있지만 파워포인트를 통해 로고를 만들어 봅니다. 나를 표현할 수 있는 텍스트나 이미지는 어떤 것이 있는지 또는 내가 만들어갈 유튜브의 콘텐츠는 어떤 내용인지를 표현하여 만들어 봅니다. 만든 이미지를 동영상에 추가해 보고 영상 속 이미지의 효과를 생각해 봅니다.

01 파워 포인트를 실행합니다. 아래 그림과 같은 슬라이드에 [삽입]에 [텍스트 상자]를 클릭합니다.

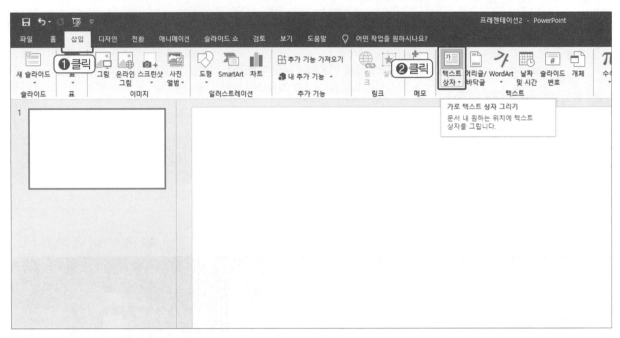

02 마우스를 드래그하고 'You'를 입력한 후 [글꼴]에서 '맑은 고딕', '굵게', 크기는 '44', 색상은 '빨간색'으로 선택합니다.

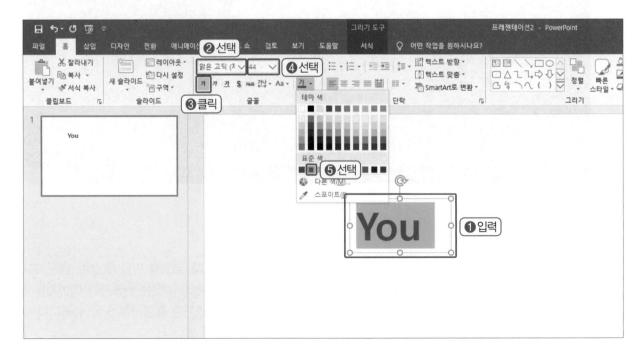

03 [서식]에 [테스트 효과]를 클릭합니다. 'abc 변환'에서 아래 그림과 같이 '사각형'을 클릭합니다.

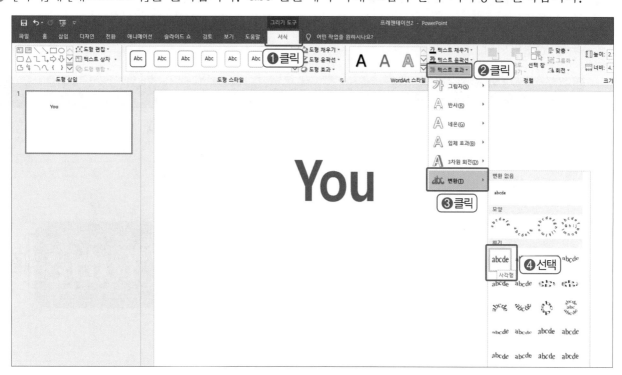

04 [홈]에 [그리기]의 '사각형:둥근 모서리'를 클릭합니다. 아래 그림과 같이 드래그합니다.

05 [서식]에 도형 채우기 '빨간색', 도형 윤곽선 '빨간색'으로 선택합니다. [도형 삽입]에 텍스트 상자를 클릭하고 도형 안에 'Tube'를 입력합니다. 아래 그림과 같이 글자 크기는 '54', 글자색은 '흰색'이 되도록 변경합니다.

06 다시 [텍스트 상자]를 클릭하고 '크리에이터 연습 TV'를 입력합니다. 글자 스타일의 크기를 '28'로 변경하고 '굵게'를 선택합니다. [서식]의 [텍스트 효과]를 클릭하고 '반사'에 '전체 반사'를 선택합니다.

07 각각의 텍스트 상자를 아래 그림과 같이 예쁘게 정렬하고 전체가 선택 되도록 마우스를 드래그합니다. [서식]에 '그룹화'를 클릭합니다

08 그룹화되었다면 오른쪽 마우스 클릭을 하고 '그림으로 저장'을 클릭합니다. 저장 경로를 지정한 후 파일 이름을 '파워포인트로고연습'이라고 입력하고 파일 형식은 'PNG 형식'으로 선택하고 저장합니다.

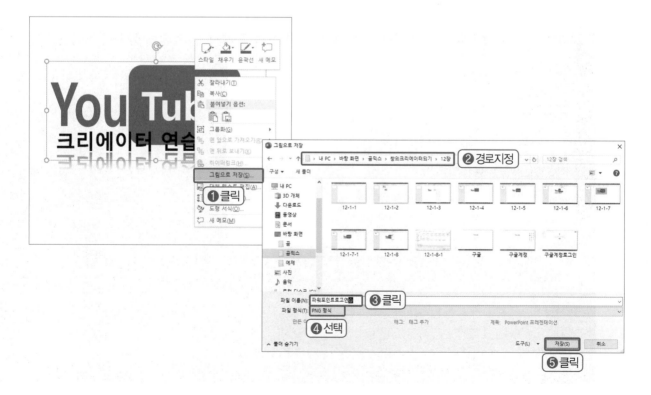

01 곰믹스를 실행하고 오른쪽 하단에 [불러오기]를 클릭합니다.

02 [13강/연습파일] 폴더의 '6장.grp' 파일을 불러옵니다.

03 [텍스트/이미지]에 [이미지 추가]를 클릭하고 [새 이미지 추가]를 클릭합니다. '파워포인트로고연습.PNG'파일을 추가한 후 적용을 클릭합니다.

04 추가된 이미지를 원하는 대로 위치와 크기를 변경합니다. 영상이 끝날 때까지 나타나도록 타임 라인의 이미지 클립을 드래그하여 조정합니다. 인코딩하여 동영상 출력을 합니다.

01 곰믹스 프로그램에 이미지를 사용하여 나만의 로고를 만들어 보고 동영상에 적용해 보세요.

📁 [예제파일] 로고연습TV.grp

02 파워포인트를 사용하여 자신의 이름으로 로고를 만들어 1번 영상 오른쪽에 이미지를 추가해 보세요.

📁 [예제파일] 미정TV.grp

14강 유튜브 채널 만들기

학습 목표
- 구글 계정을 생성하는 방법을 알아봅니다.
- 유튜브 채널 이름을 만들어 봅니다.
- 유튜브 채널을 만드는 방법을 알아봅니다.

생각해 보아요

유튜브에서 나의 채널은 회사 이름과 같습니다. 채널 이름을 짓고 채널을 만들어 봅니다. 유튜브는 구글 소속이기 때문에 구글 계정이 필요합니다. 채널을 만드는 방법은 개인 채널 만들기와 밴드 개설 만들기가 있는데 우리는 개인 채널을 만들어 보겠습니다.

01 채널 이름은 유튜브에서 크리에이터의 이름입니다. 아래 그림을 참고하여 콘텐츠와 어울리고 나와 잘 어울리는 이름을 생각해 봅니다.

02 다음 표를 작성하며 채널 이름을 지어 봅니다.

내 별명은 무엇입니까?	
내 콘텐츠의 내용에 어울릴만 한 단어는 무엇입니까?	
내 이름과 비슷한 이름은 무엇 입니까?	
평상시 좋아하고 즐겨 쓰는 말 은 무엇입니까?	

03 위 표를 참고로 하여 나의 채널 이름을 지어봅니다.

02 구글 계정 만들기

01 유튜브는 구글 회사 소속이므로 크롬을 사용하여 접속하는 것이 원활합니다. 기존 구글 아이디로도 유튜브 채널을 만들 수 있지만 유튜브 채널을 새로 만들기 위해 새로운 아이디를 만듭니다. 크롬 브라우저를 실행하고 검색 창에 '구글계정만들기'를 입력합니다.

02 Google 계정 만들기 링크를 클릭합니다.

03 1단계 Google 계정 만들기를 클릭하고 성과 이름 박스에 본인의 채널 이름을 입력합니다. 단계별로 정보를 입력하고 휴대폰 번호 인증까지 마칩니다. 구글 아이디와 패스워드 등을 기억합니다.

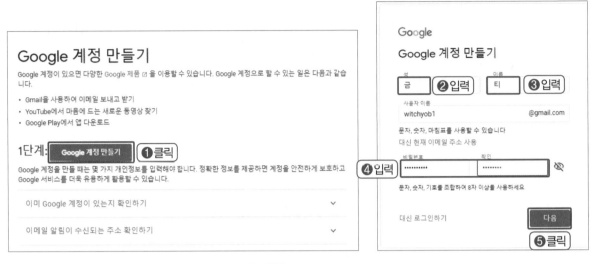

04 개인 정보 보호 및 약관 동의를 클릭하면 구글 계정이 완성됩니다.

TIP 구글 이름은 본인 이름이 아니어도 등록이 가능합니다. 개인 채널 만들기는 성과 이름에 나의 채널 이름을 입력하여 사용할 수 있습니다. 또한 현재 구글은 14세 미만의 어린이는 가입이 불가합니다. 부모님께 구글 가입을 도움받아 정보 입력을 합니다.

03 유튜브에 채널 만들기

01 유튜브를 실행하고 새로 만든 구글 아이디로 로그인을 합니다. 화면의 오른쪽에 내 이름 아이콘을 클릭한 후 [채널 만들기]를 선택합니다.

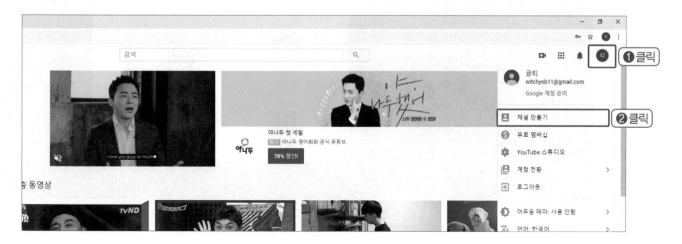

02 크리에이터 활동 시작하기 창에 [시작하기]를 클릭합니다.

03 내 이름 사용 [선택]을 클릭합니다.

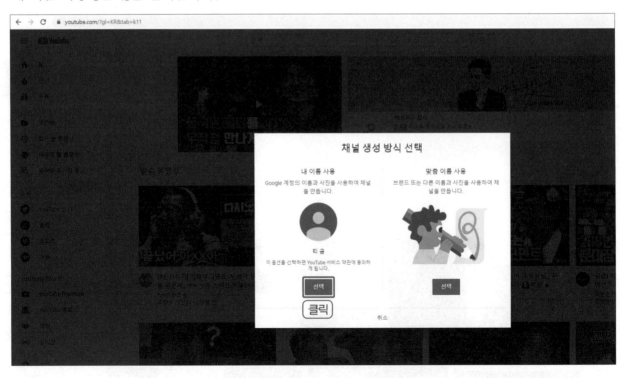

04 채널 만들기가 생성되었습니다.

05 유튜브 홈 화면으로 돌아가서 내 아이콘을 클릭하고 [내 채널]을 클릭합니다.

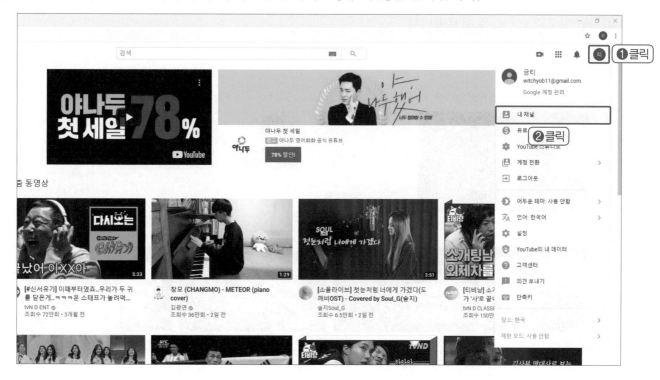

06 채널 만들기가 완성되어 동영상을 업로드할 수 있습니다.

04 채널 이름 수정하기

01 채널 이름이 마음에 들지 않는다면 수정할 수 있습니다. 유튜브 홈 화면에 상단 내 이름 아이콘을 클릭하고 [설정]을 선택합니다.

02 내 채널 이름 옆에 [Google에서 수정하기]를 클릭하고 성과 이름을 수정합니다. 확인을 클릭합니다. 수정되려면 시간이 걸릴 수 있습니다. 새로 고침을 클릭하고 확인합니다.

15강 유튜브 채널 아트 꾸미기

학습
목표
● 채널 아트 이미지 만드는 방법을 알아봅니다.
● 파워포인트를 이용하여 채널 아트 이미지를 만들어 봅니다.

 [완성파일] 채널아트.pptx, 채널아트.jpg

 생각해 보아요

채널 아트는 유튜브 페이지 상단에 표시되는 간판과도 같은 이미지입니다. 개성 있고 멋진 채널 아트를 통해 채널을 브랜드화하고 구독자가 생길 수 있도록 만들어 봅니다.

01 유튜브에 접속하고 로그인한 후 오른쪽 상단에 내 아이콘을 클릭한 후 [내 채널]을 선택합니다. 오른쪽 상단에 [채널 맞춤 설정]을 클릭합니다.

02 아래 그림과 같은 박스 안에 삽입할 이미지 추가를 위해 [채널 아트 추가]를 클릭합니다. 팝업창 아래 [채널 아트 만드는 방법]을 클릭합니다.

03 [유튜브 배너 템플릿 및 크기 가이드라인]–[채널 아트 템플릿]–[Channel Art Templates]를 클릭하고 [폴더 열기]를 선택한 후 다운로드 합니다. 다운로드 한 폴더에 'Channel Art Templates' 파일을 선택하고 마우스 오른쪽을 클릭하여 압축을 풉니다. 'Channel Art Templates.PNG' 파일을 선택하고 클릭합니다.

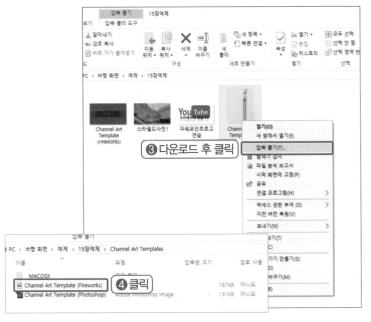

04 채널 아트를 만들기 위한 사이즈를 알려주는 그림이 열립니다. 그림의 사이즈는 '2560*1440픽셀' 이어야 합니다. 가장 진한 부분은 휴대폰에 보이는 영역이고 중간으로 진한 영역은 태블릿, 나머지 영역은 데스크톱에서 보이는 영역입니다.

01 파워포인트를 실행하고 빈 화면의 새 슬라이드를 불러옵니다. [디자인]-[슬라이드 크기]-[사용자 지정 슬라이드 크기]를 선택합니다. 너비는 '67.733'cm, 높이는 '38.1'cm로 입력합니다. 2560*1440 픽셀을 cm로 바꾼 값입니다.

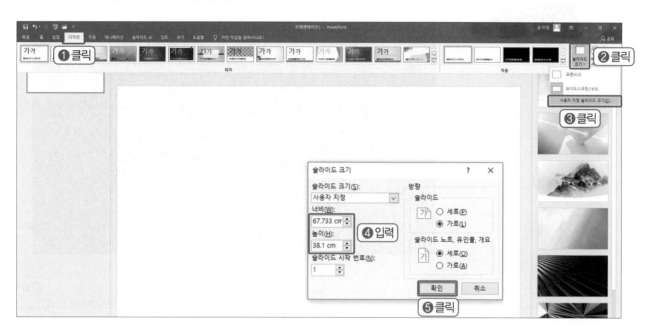

02 [보기]-[안내선]을 선택합니다. [삽입]-[그림]을 선택한 후 1번에서 받아놓은 'Channel Art Templates.PNG' 파일을 불러옵니다.

03 그림이 꽉 차 있는 화면이라면 축소를 클릭합니다. 안내선을 드래그하여 그림과 같이 이동합니다. 이동한 안내선을 클릭한 후 키보드에 Ctrl 키를 함께 누르면 하나의 선이 새로이 생겨서 이동할 수 있습니다.

04 안내선이 만들어졌다면 'Channel Art Templates.PNG' 파일을 삭제한 후 [삽입]-[그림]을 클릭합니다. [15강/연습파일] 폴더의 '배너.png' 파일을 불러옵니다.

05 [삽입]-[도형]-[사각형]을 선택합니다.

06 아래 그림과 같이 안내 선을 따라 사각형을 지정하고 마우스 오른쪽을 클릭하여 [도형 옵션]에서 색은 '파란색'으로 투명도는 '70%'로 선택합니다.

07 [홈]-[그리기]-[텍스트 상자]를 클릭합니다. 자신의 채널 이름을 입력한 후 오른쪽 마우스 클릭을 하고 글꼴과 글자색, 글자 크기 등을 변경합니다.

08 [삽입]-[이미지]-[그림]을 클릭하고 [15강/연습파일] 폴더의 '파워포인트로고연습.png'파일을 불러 옵니다. 파일의 크기를 조절하고 원하는 곳에 이동합니다.

09 마우스로 모든 그림과 글상자 등을 드래그합니다. [서식]-[그룹화]를 선택합니다.

10 그룹화된 그림을 클릭하고 마우스 오른쪽을 클릭한 후 [그림으로 저장]을 선택합니다. 파일 이름을
입력하고 'JPEG 파일 교환 형식'을 선택한 후 저장하기를 합니다. 파일 크기가 크지 않다면 'PNG
형식'도 선택할 수 있습니다. 파일의 크기는 6M가 넘지 않아야 합니다.

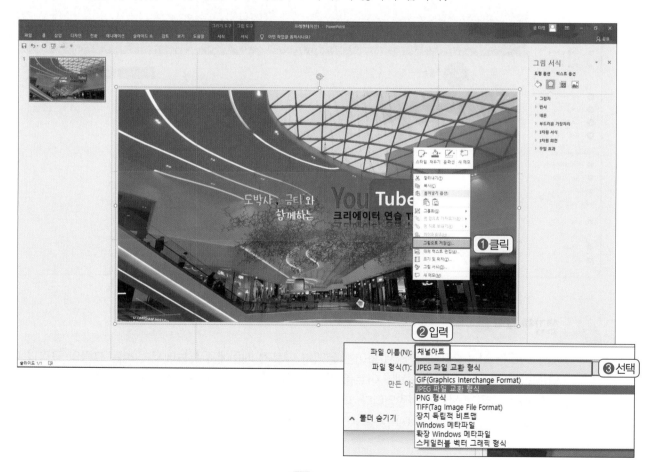

16강 채널 아트 등록하고 변경하기

학습 목표
- 채널 아트를 등록하는 방법을 알아봅니다.
- 등록된 채널 아트를 변경하는 방법을 알아봅니다.

생각해 보아요

채널 아트는 보는 기기에 따라서 보이는 영역이 다르기 때문에 유튜브에서 원하는 그림의 규격과 파일 용량에 제한이 있습니다. 채널 아트를 멋지게 꾸며 등록을 하면 구독자도 보는 재미가 있고 구독하고자 하는 마음이 생기기 마련입니다. 나를 표현할 수 있는 또 다른 공간인 채널 아트가 의도하는 데로 꾸며지지 않았거나 다른 이미지를 사용하여 표현하고 싶다면 다시 변경할 수 있습니다.

01 유튜브에 접속하고 로그인을 합니다. 15장에서 익힌 대로 [내 채널]을 클릭한 후 [채널 맞춤 설정]을 클릭합니다.

02 [채널 아트 추가]를 클릭합니다.

03 [컴퓨터에서 사진 선택]을 클릭합니다.

04 [16강/연습파일] 폴더의 '채널아트.jpg'파일을 선택하고 [열기]를 클릭합니다.

05 파일이 업로드되면서 세 가지의 기기 미리 보기 화면이 나옵니다. [자르기 조정]을 클릭합니다.

06 그림 사이즈가 잘 맞지 않을 때 박스를 약간 조정하여 보이는 곳의 위치를 변경할 수 있습니다. 마우스로 드래그해보고 [선택]을 클릭합니다.

07 파일이 저장되고 채널 아트 창에 이미지가 생깁니다. 왼쪽 상단에 커다란 이름 네모 박스는 실제로 유튜브 화면에는 보이지 않습니다.

08 유튜브 홈 화면을 클릭하고 내 채널을 클릭합니다. 완성된 채널 아트를 확인합니다.

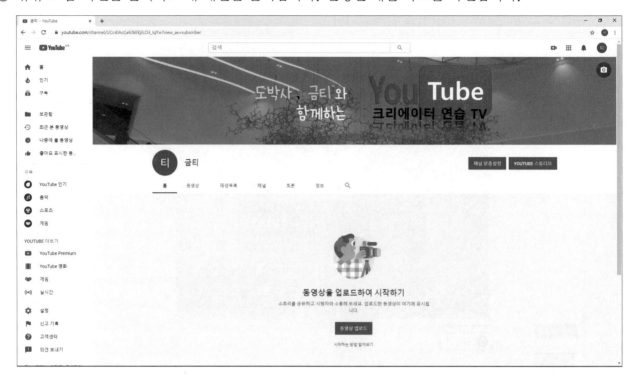

02 채널 아트 변경하기

01 채널 아트를 변경해야 할 때 변경할 수 있습니다. 내 채널에서 [채널 맞춤 설정]을 클릭합니다.

02 채널 아트 영역을 마우스로 가져가면 우측 상단에 [연필] 아이콘이 나타납니다. [채널 아트 수정]을 선택합니다.

03 [컴퓨터에서 사진 선택]을 클릭합니다. 각자 15장에서 만든 채널 아트 파일을 불러옵니다. 또는 [16 강/연습파일] 폴더의 '채널아트연습.png' 파일을 불러옵니다. [자르기 조정]을 클릭합니다.

04 박스 보다 그림이 큰 파일이 보입니다. 마우스로 박스를 드래그합니다. 원하는 영역이 보이도록 조
절합니다. [선택]을 클릭합니다.

05 채널 아트가 변경된 것을 확인합니다.

17강 채널 아이콘 만들기

학습 목표
- 파워포인트를 이용하여 채널 아이콘을 만들어 봅니다.
- 무료 아이콘을 활용하는 방법을 알아봅니다.
- 채널 아이콘을 등록하는 방법을 알아봅니다.

[완성파일] 채널아이콘.pptx, 채널아이콘연습.png

 생각해 보아요

유튜브에 접속하면 오른쪽 상단에 채널 아이콘이 표시됩니다. 그 외에 댓글과 동영상 밑에도 표시되는 채널을 대표하는 얼굴입니다. 자신의 사진을 이용하거나 캐릭터 또는 글자와 간단한 이미지의 조합으로 만들어 사용하기도 하고 무료 이미지를 다운로드해 사용할 수 있습니다. 여러 가지 프로그램을 활용하여 나만의 채널 아이콘을 만들어 봅니다.

01 파워포인트를 실행하고 빈 화면을 불러옵니다. 유튜브의 채널 아이콘은 가로 세로 사이즈가 같아야 합니다. [디자인]-[슬라이드 크기]-[사용자 지정 슬라이드 크기]를 클릭하고, 슬라이드 크기를 너비는 '20'cm, 높이도 '20'cm로 입력합니다.

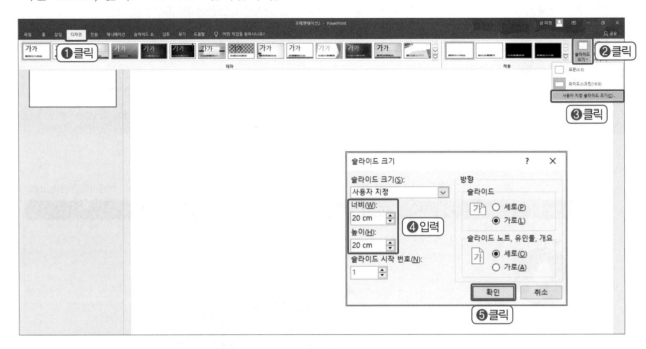

02 정사각형의 슬라이드가 만들어지면 [홈]-[그리기]-[원]을 선택하고 '채우기 없음'을 클릭합니다.

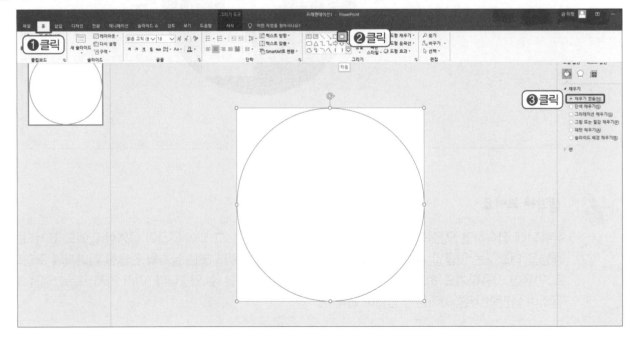

03 원을 클릭하고 오른쪽 마우스를 클릭한 후 [복사하기]를 선택합니다. [붙이기]한 후 크기를 조절하여 작은 원을 추가합니다. 아래 그림과 같이 안내선이 생기면 중심에 맞춰진 것입니다.

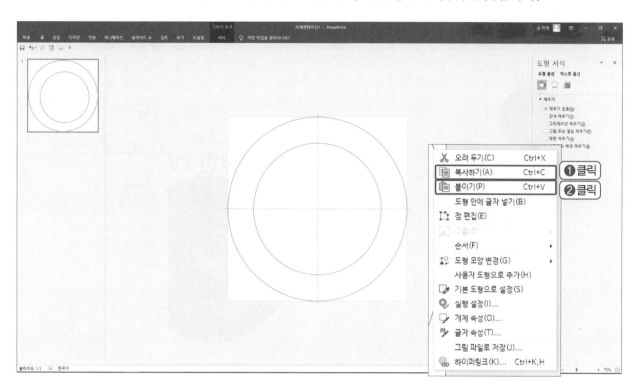

04 작은 원을 선택하고 [단색 채우기]를 클릭합니다. [색]을 '진한 빨간'색으로 선택합니다.

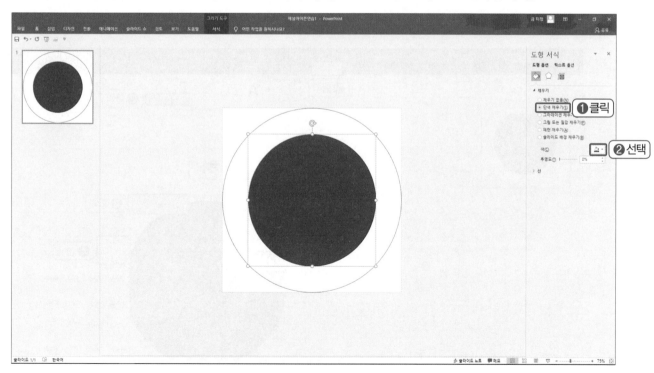

05 [홈]-[그리기]-[글상자]를 선택합니다. '썰렁한 TV'를 입력하고 글자 크기와 글꼴을 원하는 데로 정합니다. 글자색을 '진한 빨강'으로 선택합니다.

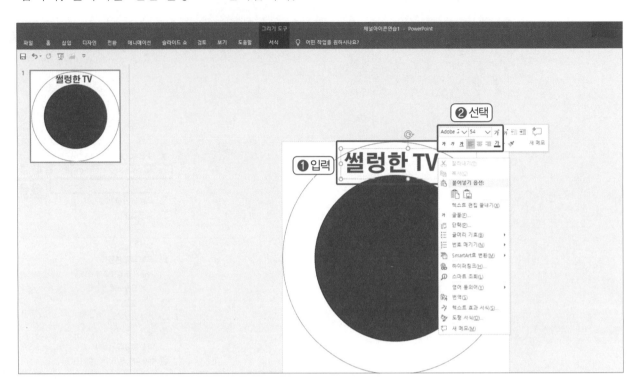

06 [서식]-[WordArt 스타일]-[텍스트 효과]-[abc 변환]을 클릭하고 아래 그림과 같은 모양을 선택합니다.

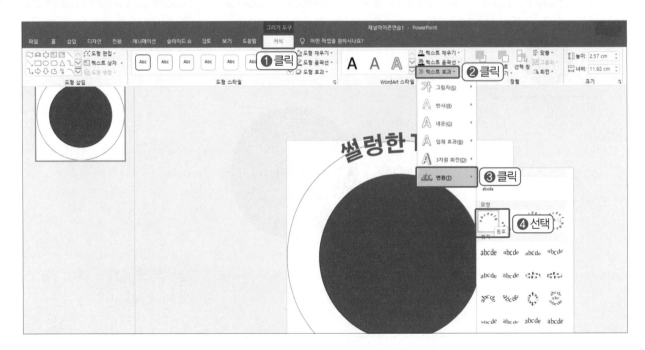

07 텍스트 박스를 드래그하며 조정하고 아래 그림과 같은 모양을 만듭니다.

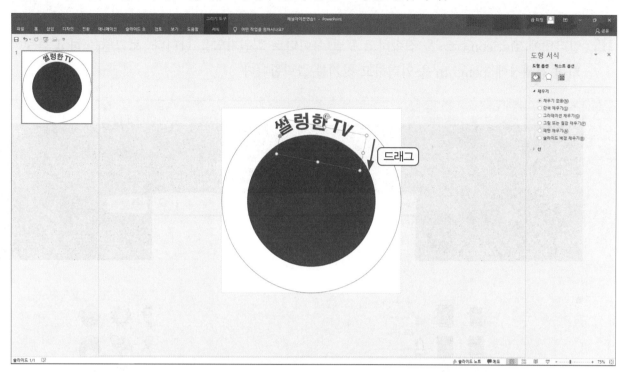

08 텍스트 박스를 [복사하기]하고 [붙이기]하여 텍스트를 추가합니다. 아래 그림과 같이 만듭니다.

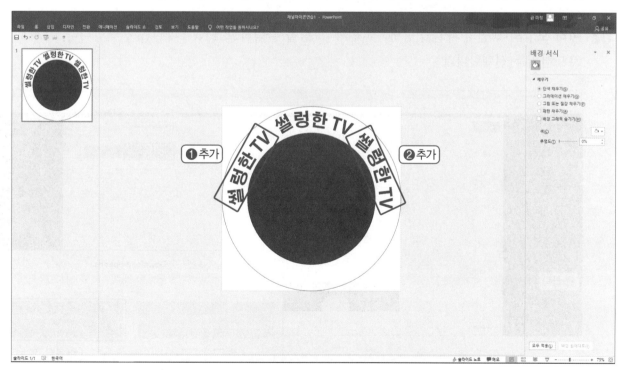

01 인터넷에 'flaticon.com'을 접속하고 구글 아이디로 회원가입을 합니다. 로그인을 하고 플랫아이콘 화면 검색창에 'penguin'을 입력하고 찾기를 클릭합니다.

02 여러 모양의 펭귄의 파일들 중에 '첫 번째' 그림을 클릭하고 'PNG' 파일을 선택합니다. 무료로 다운 로드하기를 선택합니다.

03 파워포인트에서 [삽입]-[그림]을 선택하여 다운로드한 'penguin.png' 파일을 불러옵니다. 그림 파일을 크기 조절하고 드래그하여 원하는 위치로 이동합니다.

TIP

이 책에서는 [예제]-[17강/연습파일] 폴더에 'penguin.png' 파일이 있습니다.

04 [파일]-[다른 이름 저장]을 선택합니다. 파일 이름은 '채널아이콘연습'이라고 입력하고 저장형식은 'PNG 형식'을 선택합니다. [현재 슬라이드만]을 클릭하여 채널 아이콘을 저장합니다.

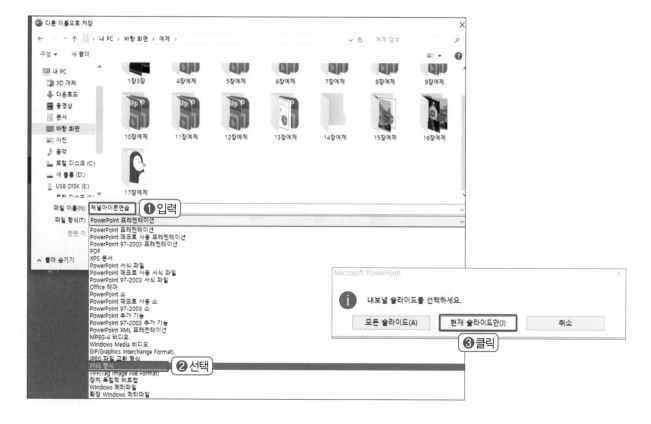

01 유튜브를 접속한 후 [내 채널]-[채널 맞춤 설정]을 클릭합니다. 채널 아트 왼쪽 상단에 아이콘 박스를 클릭합니다. [채널 아이콘 수정]-[수정]을 클릭합니다.

02 '사진 업로드'를 클릭합니다. '채널아이콘연습.png' 파일을 선택하고 열기를 클릭하고 완료합니다.

03 구글 창에 채널 아이콘이 등록되었습니다. 유튜브에서 내 채널에 등록된 채널 아이콘을 확인합니다.

18강 유튜브에 동영상 업로드하기

학습 목표
- 유튜브에 동영상을 업로드하는 방법을 알아봅니다.
- 동영상 제목과 내용을 삽입하는 방법을 알아봅니다.

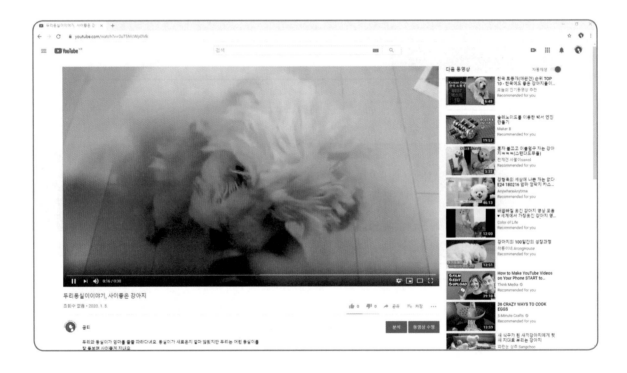

생각해 보아요

채널 개설을 하고 채널 아트와 채널 아이콘을 만들었다면 유튜브 영상 업로드를 해야 합니다. 일반 구독자들이 검색할 수 있도록 제목과 설명을 입력하고 유튜브에 동영상을 업로드합니다.

01 유튜브에 접속하고 로그인을 합니다. 오른쪽 상단에 ▣ 버튼을 클릭하고 [동영상 업로드]를 선택합니다.

02 동영상 업로드 창이 열립니다. 파일 선택을 클릭합니다.

03 업로드할 동영상을 선택하여 클릭하거나 동영상을 선택하고 업로드 창에 드래그하여 이동할 수 있습니다. [18강/연습파일] 폴더의 '두리둥실이이야기.mp4' 동영상 파일을 선택하고 열기를 클릭합니다.

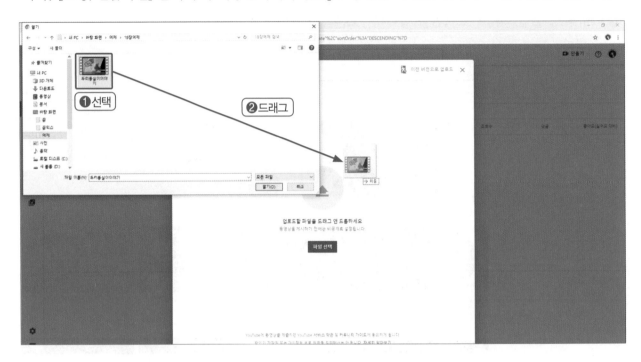

04 동영상 업로드를 위한 세부정보 창이 열립니다. 세부정보 안에 제목을 입력합니다. 제목에 들어간 파일명 '두리둥실이이야기, 사이좋은 강아지'를 입력합니다.

01 설명에 '두리와 둥실이가 엄마를 졸졸 따라다녀요. 둥실이가 새로온지 얼마 안 되었지만 두리는 어린 둥실이를 잘 돌보며 사이좋게 지내요.'라고 입력합니다. 구독자가 검색창에 입력할 만한 단어를 써주면 좋습니다.

02 미리 보기 이미지는 동영상 재생하기 전에 처음으로 보여지는 영상을 말합니다. 두 번째 이미지를 선택합니다.

03 시청자층의 [아니요, 아동용이 아닙니다]를 선택합니다. [옵션 더보기]를 클릭하고 [태그 추가]를 합니다. '#강아지', '#두리둥실이이야기', #유튜브크리에이터연습' 등을 입력하고 다음을 클릭합니다.

- 아동용 동영상에는 개인 맞춤광고 및 알림 등의 기능이 제공되지 않아서 나중에 추가해야 할 최종 화면 등의 추가에 방해가 되어 선택하지 않습니다.
- 태그는 유튜브 검색 시 노출이 잘 될 수 있는 키워드입니다. 동영상 내용과 관련된 단어들을 입력하도록 합니다.

04 또 다시 [다음]을 클릭합니다. 공개 상태의 [지금 게시]를 클릭하고 [공개]를 선택합니다. [게시]를 클릭합니다. 미등록하여 영상 링크를 아는 사람들끼리만 공유할 수도 있고 비공개하여 나만 볼 수도 있습니다.

05 게시된 동영상 닫기를 클릭합니다. 업로드된 채널 동영상이 나타납니다. 동영상의 설명 부분을 마우스로 가져가면 동영상을 세부 수정하거나 분석 또는 댓글 등을 확인할 수 있습니다.

06 유튜브에서 내 동영상이 재생되는지 내 채널의 [업로드한 동영상]을 확인합니다.

19강 썸네일 만들기

학습
목표
● 유튜브 동영상의 썸네일을 만드는 방법을 알아봅니다.
● 유튜브에 썸네일을 업로드하는 방법을 알아봅니다.

📁 [완성파일] 썸네일만들기.png

🎤 생각해 보아요

유튜브에 업로드된 영상을 한 번에 표현해줄 미리 보기 영상인 썸네일을 만들어 봅니다. 아무리 좋은 콘텐츠라도 첫 화면에서 흥미를 끌지 못하면 시청률이 낮을 수밖에 없습니다. 무료 템플릿과 이미지를 제공하는 망고보드를 활용하여 멋진 썸네일을 만들어 봅니다. 업로드된 동영상에 썸네일을 추가 적용하여 봅니다.

01 무료 템플릿 및 이미지를 활용한 썸네일 만들기

01 템플릿 및 이미지를 무료로 사용할 수 있는 망고보드(mangoboard.net)에 접속합니다. 간단한 회원가입(구글 아이디 등)을 한 후 로그인을 하고 [START]를 클릭합니다.

02 왼쪽 메뉴 툴의 [망고보드 템플릿]-[카테고리별 보기]-[유튜브 썸네일]을 클릭합니다.

03 여러 가지 썸네일 이미지 중에 아래 그림과 같은 이미지를 선택합니다.

04 텔레비전 화면을 클릭하고 오른쪽 [이미지 꺼내기] 아이콘을 클릭합니다.

05 꺼내진 사진을 선택 후 [삭제]를 클릭합니다.

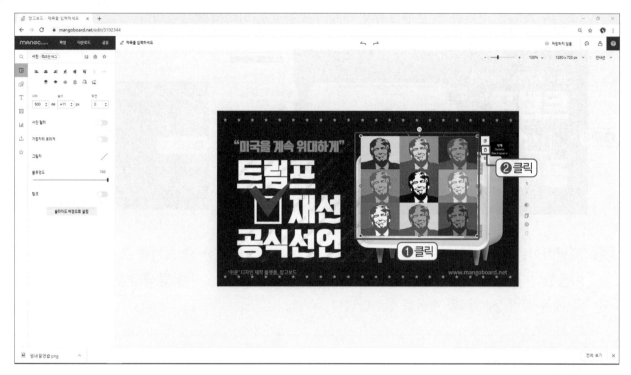

06 왼쪽 메뉴 툴에 [내 파일 업로드]를 선택하고 [파일 업로드]를 클릭한 후 [19강/연습파일] 폴더의 '썸네일용.png" 파일과 '채널아이콘연습.png' 파일을 불러옵니다.

07 왼쪽의 모든 텍스트 파일을 선택하여 삭제합니다. 메뉴 툴에 [내 파일 업로드 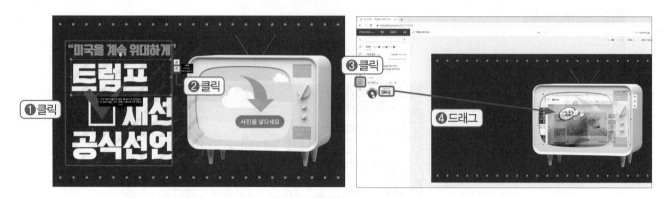]를 클릭하고 '썸네일용' 파일을 선택한 후 드래그하여 텔레비전 안으로 이미지를 넣습니다.

08 '채널아이콘연습' 파일을 선택하고 드래그하여 이미지를 추가한 후 크기를 조절하고 원하는 위치에 이동합니다. 텔레비전을 클릭하고 크기와 위치를 조절합니다. 진한 남색의 빈 공간을 클릭하고 왼쪽 메뉴 툴에 '세 번 째' 패턴을 선택합니다.

09 메뉴의 검색창에 '유튜브'를 입력하고 '구독'아이콘을 클릭합니다. 추가된 '구독 ▶구독 ' 이미지를 아래 그림과 같이 크기와 위치 조절합니다.

10 메뉴 툴에 [텍스트]–[제목 텍스트 추가]를 클릭합니다. '썸네일 만들기 연습'이라고 입력한 후 글씨 체와 글자색, 크기를 원하는 데로 선택합니다. 다시 메뉴 툴에서 [텍스트]–[부제목 텍스트 추가]를 클릭합니다. '두리둥실이 이야기'를 입력하고 후 글씨체와 글자색, 크기를 원하는 데로 선택합니다.

11 제목을 '썸네일 만들기 연습'이라고 입력하고 메뉴 툴의 [다운로드]를 클릭합니다. 무료 회원 저작권 관련 주의를 읽어본 후 확인을 클릭합니다. 다운로드 창의 'PNG' 파일을 선택하고 다운로드를 클릭합니다.

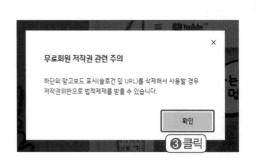

01 유튜브를 실행하고 로그 온 한 후 오른쪽 채널 아이콘을 클릭합니다. [YouTube 스튜디오]–[동영상]을 클릭하고 '두리둥실이이야기' 동영상의 세부정보를 클릭합니다.

02 [미리 보기 이미지]–[미리 보기 이미지 업로드]를 클릭하고 [19강/연습파일] 폴더의 '썸네일만들기연습.png' 파일을 선택한 후 열기를 클릭합니다.

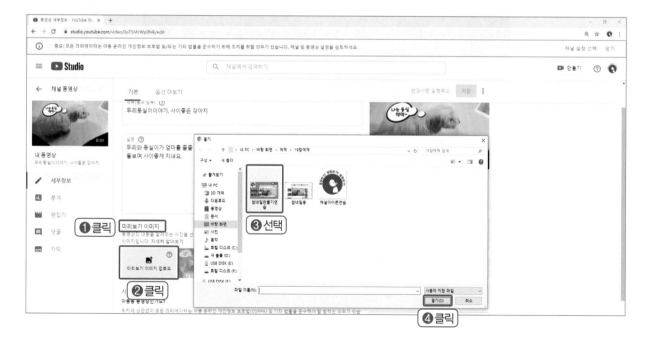

03 썸네일이 미리 보기 이미지에 추가된 것을 확인하고 저장을 클릭합니다. 썸네일 적용을 위한 계정 인증 확인을 완료합니다. 내 채널을 클릭하고 변경된 동영상을 확인합니다.

20강 최종화면 추가하기 및 유튜브 무료 오디오 다운받기

학습 목표
● 유튜브에 최종 화면을 추가하는 방법을 알아봅니다.
● 유튜브에서 무료 오디오 파일을 다운받는 방법을 알아봅니다.

출처 : 엔트리(Copyright ⓒ 2018Connect Foundation. Some rights reserved.

 생각해 보아요

유튜브 동영상의 마지막에 삽입되어 구독자를 늘릴 수 있게 광고 효과를 내는 효과적인 기능입니다. 최종 화면 박스를 4개까지 추가할 수 있으며 최종 영상이 추가될 동영상의 길이는 25초 이상의 파일이여야 합니다. 시청자의 호기심을 유발하여 조회를 유도하도록 최종 화면 추가 기능을 활용해봅니다. 또한 유튜브에서 제공하는 무료 오디오 소스를 다운로드해 봅니다.

01 유튜브에 최종 영상을 추가하기 위해 다른 영상을 유튜브에 업로드합니다. 유튜브에 접속하고 로그인한 후 [동영상 또는 게시물 만들기]를 클릭합니다. [동영상 업로드]를 클릭하여 [20강/연습파일] 폴더의 '최종영상추가연습.mp4' 파일을 추가합니다.

02 제목을 '최종영상추가연습, 엔트리 게임'이라고 입력하고 설명을 '최종영상 추가연습을 위한 동영상'이라고 입력합니다. 미리 보기 이미지는 첫 번째 이미지를 선택하고 다음을 클릭합니다. [지금 게시]에 [공개]를 선택하고 게시를 클릭하여동영상 업로드를 마칩니다.

02 최종 화면 추가하기

01 채널 동영상 [업로드] 목록에 전에 올린 영상 외에 지금 올린 영상이 추가된 것을 확인하고 '두리둥실이이야기'영상의 [세부정보]를 클릭합니다.

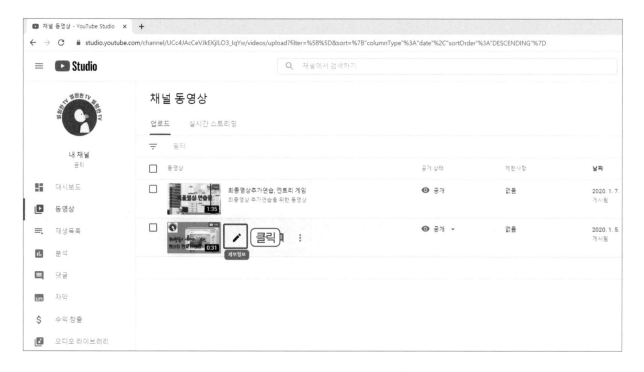

02 오른쪽 밑에 [최종 화면]을 클릭합니다.

03 [요소 추가]를 클릭하고 [동영상 또는 재생목록]의 만들기를 클릭합니다. 동영상 또는 재생목록 선택을 선택하고 '최종영상추가연습'을 클릭합니다. 요소 만들기를 클릭합니다.

04 '두리둥실이이야기' 영상이 끝나기 7초 전부터 최종 영상이 보이도록 '23'초로 타임 라인을 드래그하여 조정하고 저장을 클릭합니다.

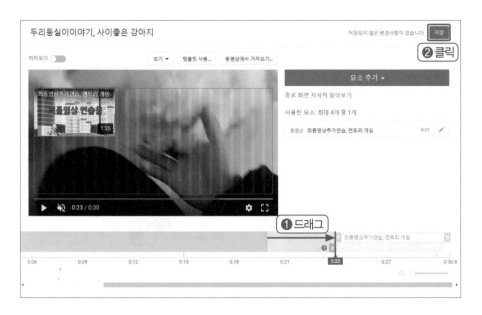

05 유튜브에서 추가 영상이 추가된 것을 확인합니다.

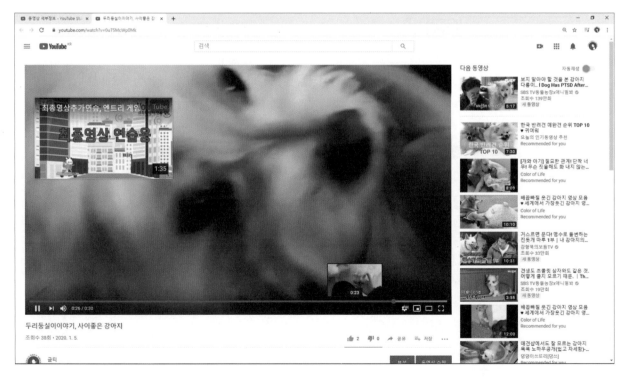

01 [YouTube 스튜디오]-[오디오 라이브러리]를 클릭합니다.

02 오디오 보관함의 무료 음악에 [저작자 표시]-[저작자 표시 필요 없음]을 선택합니다.

03 무료로 동영상에 사용할 수 있는 음악 파일입니다. 'My Dog Is Happy'의 실행 아이콘을 클릭하고 소리를 들어 봅니다.

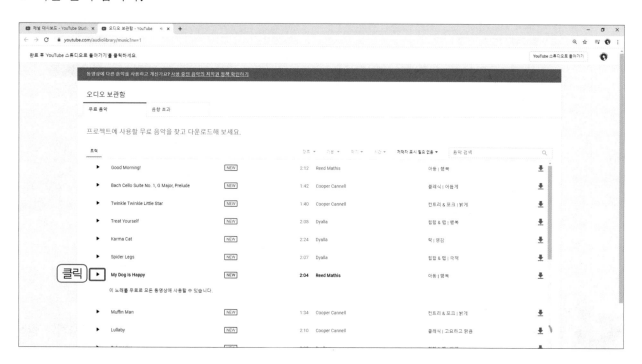

04 다운로드를 클릭하고 폴더 열기를 선택합니다.

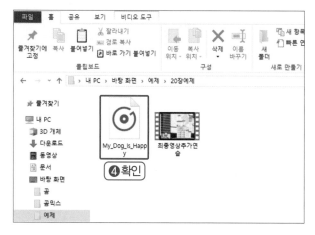

05 [무료 음악]에 [저작자 표시 필요]를 클릭하고 'Light Sting' 파일을 클릭합니다. 이 파일을 무료로 사용하는 조건은 출처와 아티스트를 동영상에 노출시키는 것입니다.

TIP 인터넷에 무료로 사용할 수 있는 소스들이 많이 있습니다. 무료라고 하더라도 위와 같이 출처와 원작자를 노출시켜야 하는 등 저작권에 침해되지 않는 자료인지 잘 알아보고 사용해야 합니다.

06 [음향 효과]를 클릭합니다. 카테고리의 [동물 소리]를 클릭합니다. 'Animal Bark And Grow' 파일을 재생하고 소리를 들어봅니다.

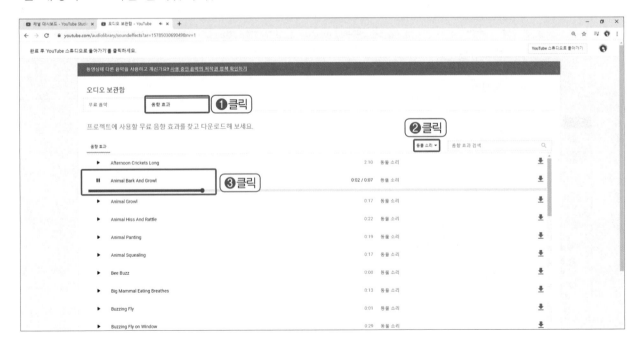

학습
목표
● 곰캠을 설치하는 방법을 알아봅니다.
● 곰캠의 화면 구성에 대해 알아봅니다.
● 컴퓨터의 화면을 녹화하는 방법을 알아봅니다.

[완성파일] 곰캠화면녹화연습.MP4, 곰캠화면녹화연습.grp

 생각해 보아요

곰캠은 PC 화면에 보이는 모든 것을 녹화할 수 있는 프로그램입니다. 보이는 화면과 사운드도 녹화할 수 있습니다. 웹캠과 게임, 다양한 프로그램 사용법을 녹화하여 동영상으로 사용할 수 있습니다. 곰캠 프로그램을 활용하여 PC 화면 영상을 녹화해 봅니다.

01 네이버 검색창에서 '곰캠 다운로드'를 검색하고 곰캠 다운로드 창에 무료 다운로드를 클릭합니다. 컴퓨터의 사양에 따라 비트를 선택합니다.

02 한국어 선택을 하고 곰캠 설치를 시작합니다. 사용권 계약의 [동의함]을 클릭합니다.

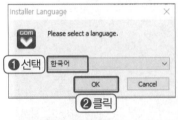

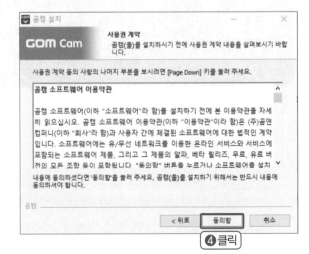

03 구성 요소는 권장하는 대로 선택하고 프로그램의 설치 위치의 경로를 설정한 후 [설치]를 클릭합니다. 설치가 완료되면 마침을 클릭합니다.

04 곰캠을 실행합니다.

01 곰캠의 메인화면을 살펴봅니다.

❶ 홈 : 주 화면이 표시됩니다.

❷ 화면 : PC 화면에 영역을 지정하고 해당 영역에 표시된 화면을 녹화합니다.

❸ 이미지 : PC 화면에 영역을 지정하고 해당 영역에 표시된 화면을 이미지로 저장합니다.

❹ 웹캠 : 웹캠을 통해 보이는 영상을 녹화합니다.

❺ 게임 : 게임 화면을 녹화할 수 있습니다.

❻ 강의 : 파워포인트로 만든 자료를 영상으로 녹화합니다.

❼ 작업 내역 : 예약 녹화를 설정하거나 업로드 등의 내역을 보여줍니다.

❽ 태그 검색 : 파일 목록의 태그를 검색합니다.

❾ 파일 목록 : 녹화 또는 캡처한 파일을 보여줍니다.

02 [환경 설정]-[일반]을 클릭합니다. PC 화면 녹화 시 마우스가 움직일 때 돋보이도록 마우스 포인터와 마우스 왼쪽, 오른쪽 버튼의 색과 크기를 조절할 수 있습니다. 각자 원하는 대로 변경합니다.

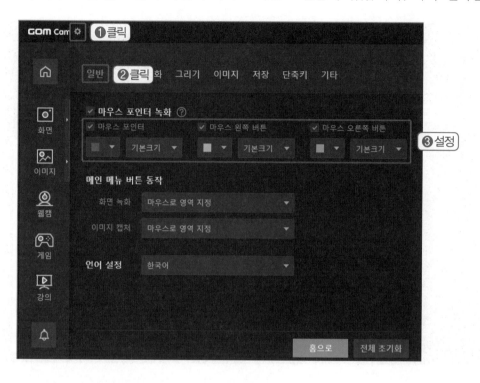

03 [장치]를 클릭합니다. 내 컴퓨터 사양에 맞는 비디오 설정, 오디오 설정을 선택합니다.

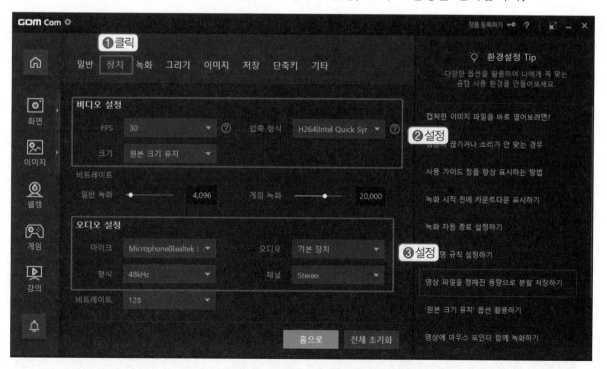

04 [저장]을 클릭하고 저장 경로 설정을 합니다. 파일 저장 포맷을 동영상은 'MP4', 이미지는 'PNG', 오디오는 'MP3'를 선택합니다.

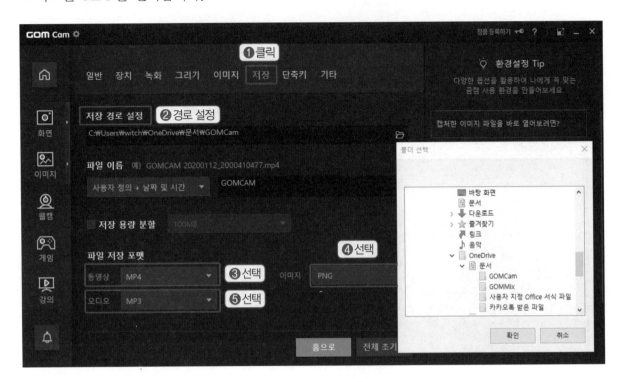

03 PC 화면 녹화하기

01 곰믹스 프로그램을 실행합니다. 곰캠의 [화면]을 클릭하고 [마우스로 영역 지정]을 선택합니다.

02 아래 그림과 같이 마우스를 드래그하고 화면 촬영 영역을 지정합니다. 녹화 시작 버튼을 클릭합니다.

03 곰믹스에서 [21강/연습파일] 폴더의 '체인지.mp4' 동영상 파일과 'My Dog Is Happy.mp3' 오디오 파일을 불러온 후 타임 라인에 추가합니다.

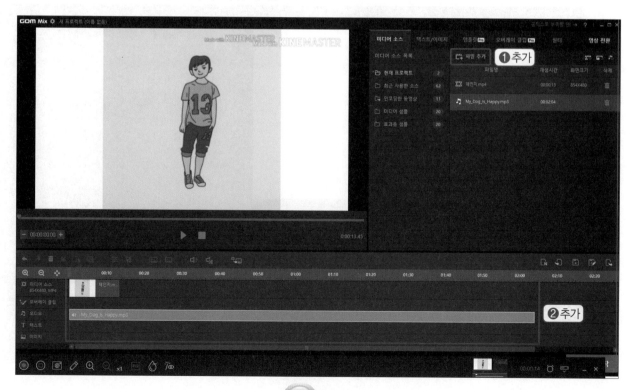

04 곰믹스의 영상화면을 끝까지 재생하고 곰캠의 정지 버튼을 클릭합니다.

05 '녹화가 종료되었습니다' 박스 밑에 ✕를 클릭합니다.

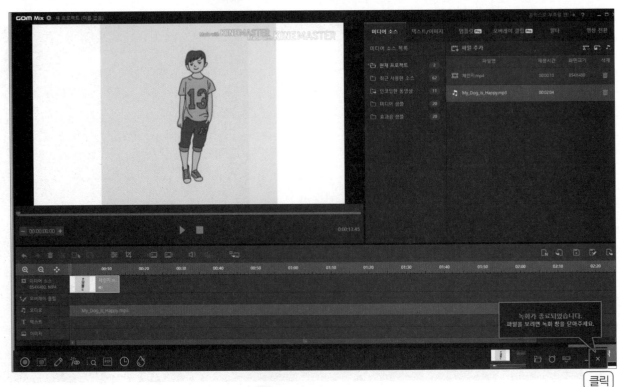

06 [작업내역]을 클릭하고 ▤을 선택합니다. 이름 변경을 클릭하고 '곰캠화면녹화연습' 이라고 입력합니다. 재생 버튼을 클릭합니다.

07 동영상 재생 시 변경한 마우스 포인터의 크기와 색을 확인하고 오디오가 잘 나오는지 확인합니다.

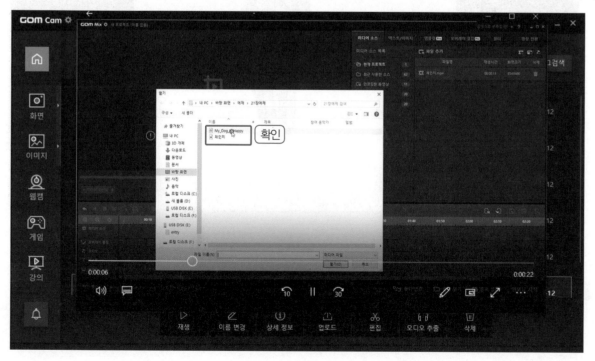

22강 영상 속도 조절하기

학습 목표
- 곰믹스 프로를 설치하는 방법을 알아봅니다.
- 동영상 파일의 속도를 조절하는 방법을 알아봅니다.
- 이미지 파일의 속도를 조절하는 방법을 알아봅니다.

📂 [완성파일] 배속연습.MP4, 영상속도조절.grp

 생각해 보아요

곰믹스 프로를 활용하여 영상의 속도를 조절하는 기능을 사용해 봅니다. 이 기능을 통하여 동영상의 재미와 흥미를 더할 수 있습니다.

01 네이버를 실행하고 검색창에 '곰믹스 프로'를 입력합니다. 네이버 소프트웨어 창에 곰믹스 프로 [무료 다운로드]를 클릭합니다.

02 한국어를 선택하고 곰믹스 프로 설치의 다음을 클릭하고 사용권 계약에 동의합니다.

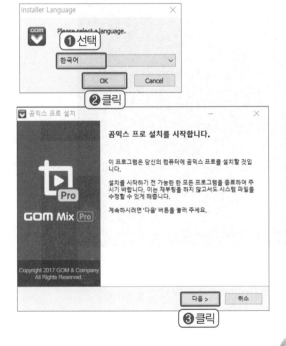

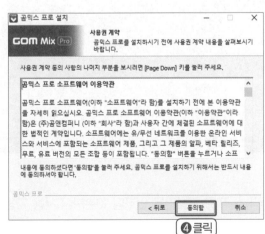

185

03 구성 요소 기본 설치 그대로 다음을 클릭하고 설치 위치의 경로를 선택한 후 설치를 클릭합니다. 설치 완료가 되면 마침을 클릭합니다.

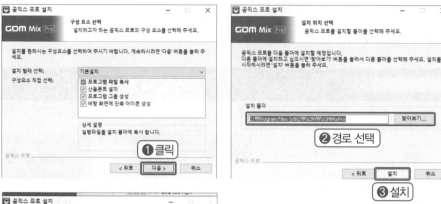

04 곰믹스 프로를 실행합니다.

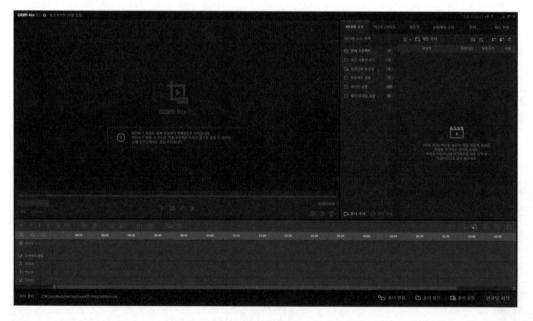

 곰믹스 프로 체험판은 인코딩 10분까지 사용 가능하고 화면에 워터마크가 노출됩니다.

01 [미디어 소스]-[미디어 샘플]의 동영상 샘플에서 '카운트다운 01'을 선택하고 더블 클릭하여 타임 라인에 추가합니다. 재생하기를 클릭하고 영상의 속도를 확인합니다.

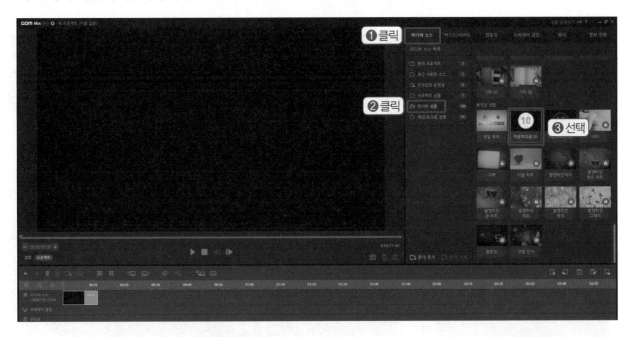

02 [비디오 조정(반전/회전/배속) ▦]을 클릭하고 오른쪽 [비디오 조정]에서 재생 속도를 '2.0'배속으로 조절합니다. 적용을 클릭하고 동영상을 재생해 봅니다.

03 이미지 파일 속도 조절하기

01 [22강/연습파일] 폴더의 '젝슨1', '젝슨2', '젝슨3', '젝슨4', '젝슨5' 이미지 파일을 불러온 후 타임 라인에 순서대로 두 번 추가합니다. 재생하여 속도를 확인합니다.

02 타임 라인에 [전체 보기 ▮]를 클릭합니다.

03 클립 '젝슨1'을 클릭하고 드래그하여 타임 라인의 4칸 간격으로 줄여줍니다. 더 빠른 영상을 원한다면 더 줄여줍니다.

04 나머지 젝슨 이미지 클립도 타임 라인의 4칸 간격으로 드래그하여 줄여줍니다. 재생하여 속도를 확인합니다.

05 [텍스트/이미지]–[이미지 추가]–[새 이미지 추가]를 클릭하고 [22강/연습파일] 폴더의 '채널아이콘 연습.png' 파일을 추가합니다. [적용]을 클릭합니다.

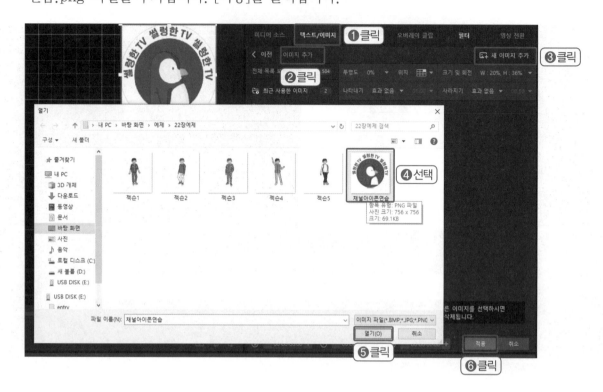

06 타임 라인에 이미지 클립을 클릭하고 영상 끝까지 이미지가 보이도록 드래그합니다.

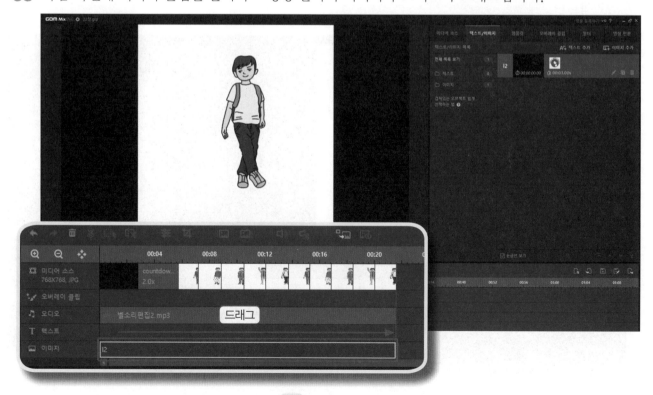

07 [미디어 소스]-[파일 추가]를 클릭하고 [22강/연습파일] 폴더의 '벨소리편집2.mp3' 파일을 불러온 후 타임 라인에 추가합니다. 오디오 클립을 클릭하고 드래그하여 영상의 길이까지 줄여줍니다.

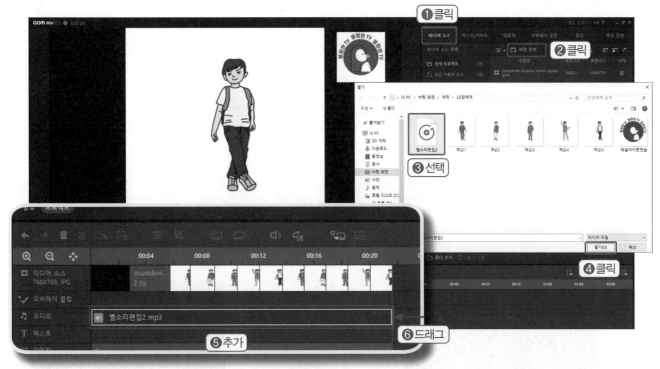

08 [인코딩 시작]을 클릭하고 저장 경로를 설정합니다. 인코딩을 마친 후 재생하여 봅니다.

23강 스마트폰 영상을 PC로 전송하기 및 모자이크 처리하기

학습 목표
● 스마트폰의 영상을 컴퓨터로 전송하는 방법을 알아봅니다.
● 영상에 모자이크 효과를 적용하는 방법을 알아봅니다.
● 자막을 삽입하는 방법을 알아봅니다.

📁 [완성파일] 셀프캠.MP4, 모자이크.grp

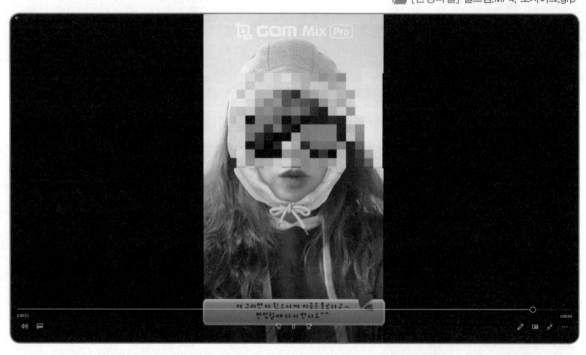

 생각해 보아요

스마트폰으로 내 얼굴을 촬영하고 PC로 전송하여 봅니다. 촬영한 영상 중 가리고 싶은 부분을 모자이크 처리할 수 있습니다. 셀프카메라로 촬영한 영상 중 내 얼굴을 모자이크 처리하는 편집을 해봅니다.

01 스마트폰 카메라로 내 얼굴과 간단한 대사를 넣어 동영상으로 촬영합니다.

02 스마트폰 영상을 PC로 전송하기

01 스마트폰의 'Play 스토어'에서 'Send Anywhere' 앱을 검색하고 설치합니다.

02 스마트폰에 설치된 'Send Anywhere' 앱을 열고 전송할 영상을 선택합니다. 보내기를 터치합니다.

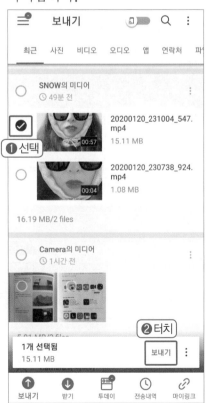

03 전송 대기 화면이 열리고 숫자 6자리가 보이면 PC에 검색창에 'send anywhere'를 입력합니다. 'Send Anywhere-대용량 파일전송'사이트를 클릭합니다.

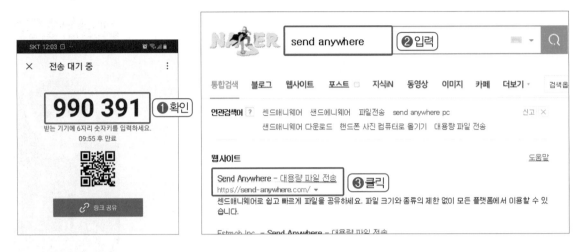

04 'Send Anywhere' 사이트 [받기]에 스마트폰 대기화면의 '숫자 6자리'를 입력하고 내려받기를 클릭합니다.

05 다운로드 창에 [저장]-[다른 이름으로 저장]을 클릭한 후 저장 폴더를 설정합니다. 파일 이름을 '셀캠'이라고 입력하고 저장합니다.

01 곰믹스 프로 프로그램을 실행하고 [미디어 소스]–[파일 추가]를 클릭합니다. '셀캠' 파일을 추가하기 하고 타임 라인에 추가합니다.

02 [필터]–[질감형]에 '모자이크'를 선택합니다.

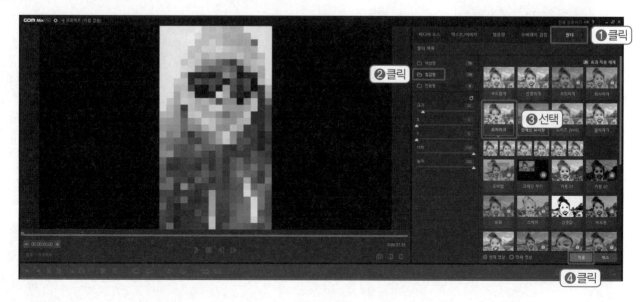

03 [필터] 라이브러리 왼쪽 세부 변경 목록에서 크기와 X, Y, 너비, 높이를 조정하고 적용하기를 클릭합니다. 내가 가리고 싶은 부분만 모자이크를 효과를 줍니다.

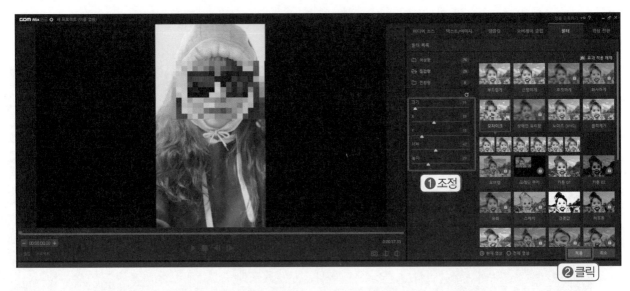

04 자막 넣기

01 [텍스트/이미지]-[이미지 추가]-[기본 이미지]에 '캡션 08'을 선택하여 크기를 조정하고 적용합니다. 이미지 타임 라인을 본인의 음성 내용에 맞춰 길이를 조절합니다.

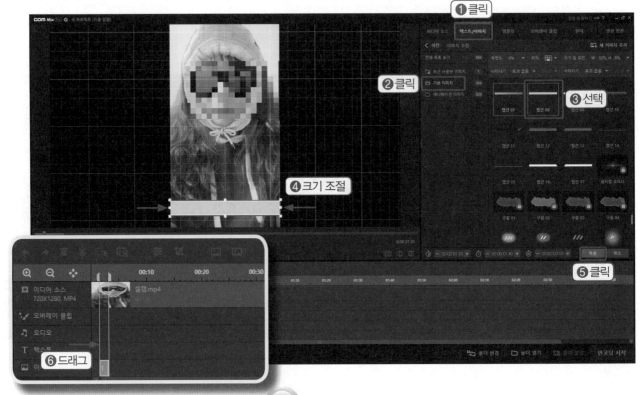

02 [텍스트/이미지]–[텍스트 추가]를 클릭하고 '캡션 08'이지 위에 본인이 한 말의 내용을 입력합니다. 글자 크기와 모양 등을 선택하고 적용합니다.

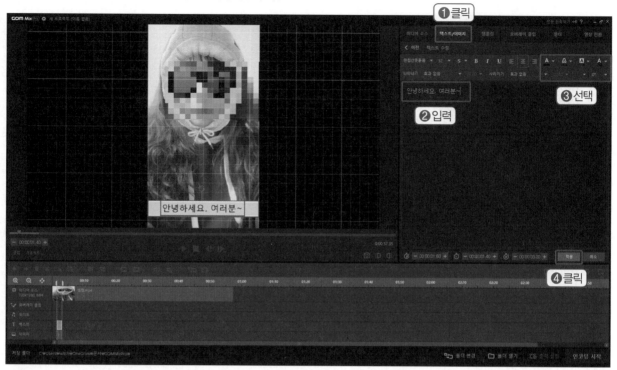

03 위와 같이 본인이 한 다음 말의 내용도 이미지와 텍스트를 추가하여 자막을 만들어 봅니다.

04 화면에 전달하고자 하는 의도가 있다면 말풍선을 넣고 표현해봅니다. 여러 가지 이미지를 사용하여
동영상에 추가해 봅니다.

05 본인이 말한 내용을 자막으로 다 넣었다면 프로젝트로 저장하고 인코딩 시작을 클릭합니다.

06 편집한 영상을 재생해 봅니다.

24강 스마트폰을 활용한 영상 더빙하기

학습 목표
● 스마트폰으로 재미있는 목소리를 녹음해 봅니다.
● 동영상에 녹음한 오디오 파일을 추가하여 더빙하는 방법을 알아봅니다.

📁 [완성파일] 먹방짤방더빙편집.MP4, 먹방짤방더빙편집.grp,
먹방짤방편집.MP4, 먹방짤방편집.grp

 생각해 보아요

오디오를 사용할 수 없는 영상을 촬영했거나 촬영 후 오디오를 사용할 수 없는 경우에는 오디오를 따로 녹음하여 편집할 수 있습니다. 스마트폰 앱을 활용하여 영상에 맞는 더빙을 해보고 음성변조 기능도 활용해 봅니다.

01 곰믹스 프로를 실행합니다. [파일 추가]를 클릭하고 [24강/연습파일] 폴더의 '비빔국수', '직화구이', '김치두루치기', '짜장면', '햄버거', '딸기' 동영상과 '먹방배경음악' 파일을 추가하고 순서대로 타임 라인에 추가합니다.

02 아래 그림과 같이 음식마다 어울리는 텍스트와 이미지를 추가합니다.

03 [텍스트 추가]를 사용하여 '먹방 짤방'을 입력하고 이미지로 꾸며 처음부터 마지막 영상까지 왼쪽 상단에 보이도록 합니다.

04 타임 라인의 '먹방배경음악' 클립을 선택하고 동영상의 길이만큼 드래그하여 줄여준 후 오디오 [선택된 오디오 편집]-[페이드아웃]을 적용합니다.

05 '짤방먹방편집'이라는 이름으로 프로젝트로 저장하기하고 인코딩 시작합니다.

---

02 스마트폰 앱으로 영상 더빙하기

01 스마트폰 플레이스토어에서 '효과 적용 음성 변환기' 앱을 다운로드해 설치하고 실행합니다.

TIP

현재 '효과 적용 음성 변환기' 앱은 안드로이드 버전만 가능하니 아이폰을 사용하는 친구는 다른 친구와 함께 연습해 봅니다.

02 영상을 보며 알맞은 대사를 적어봅니다. 대사를 적었다면 변환기 위에 마이크를 터치하고 녹음을 시작합니다. 영상에 맞춰 실감 나게 대사를 읽어봅니다. 마이크를 다시 터치하면 녹음이 종료됩니다.

03 아래 그림과 같이 '보통'재생과 '헬륨'재생을 터치합니다. 마음에 드는 파일의 ⋮ 점 세개 아이콘을 터치합니다.

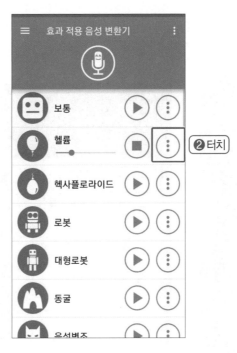

04 '녹음 저장'을 터치하고 녹음 제목을 입력한 후 확인을 터치합니다. 저장된 파일을 찾기위해 줄3개 ≡를 터치합니다

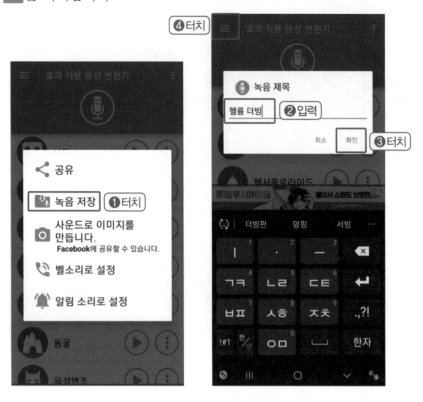

05 '저장된 녹음'을 터치하면 녹음된 파일 목록이 나옵니다. 파일의 점 3개를 터치하고 '공유'를 터치하면 'Send Anywhere'를 통해 PC로 파일을 전송합니다.

06 곰믹스 프로를 실행하고 [파일 추가]를 클릭하고 '먹방짤방편집' 파일과 '보통더빙' 파일을 추가하고
타임 라인에 추가합니다.

07 오디오 클립을 선택한 후 [선택된 오디오 편집]을 클릭하고 필요 없는 부분을 잘라내는 편집을 합니
다. 영상과 오디오의 길이를 맞춥니다.

08 영상을 재생하고 더빙이 잘 추가되었는지 확인합니다.

09 프로젝트로 저장한 후 인코딩 시작을 클릭합니다.

01 [24강/예제파일] 폴더에서 '솜사탕.mp4'파일을 추가하기 합니다. 스마트폰 앱으로 영상에 어울리는 더빙을 하고 영상에 추가해 봅니다. 간단한 자막도 추가해 봅니다.

📁 [예제파일] 솜사탕.grp

02 스마트폰 앱으로 '5,4,3,2,1' 카운트를 더빙하고 곰믹스에 카운트 파일을 추가합니다. 어울리는 배경을 선택하고 이미지를 추가하여 카운트 더빙에 맞는 영상을 만들어 봅니다.

📁 [예제파일] 더빙카운트.grp

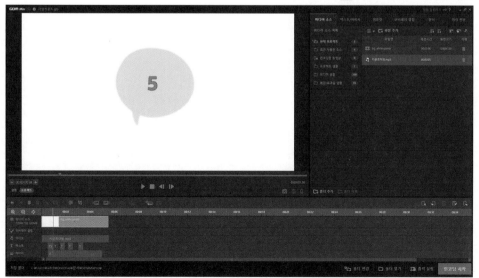